優れた発想はなぜゴミ箱に捨てられるのか？

限界を突破する
TOCイノベーションプロセス

岸良裕司

ダイヤモンド社

はじめに

プロセスさえあれば、誰でも世界を変えるイノベーターになれる!

優れた発想はなぜゴミ箱に捨てられるのか?

多くの優れた発想はゴミ箱に捨てられている。しかも、発想が優れていればいるほど、その可能性は高い。なぜならば、今まで世の中にない新しい発想を、従来の考え方しか知らない人たちが正しく評価するのは難しいからである。

実際、優れた発想だけでイノベーションが実現できるほど甘くないことは、実務家ならば誰でも痛いほどわかっているだろう。アイデアを発想してから世の中にイノベーションを起こすまでには、次のようなプロセスがある。

❶アイデアを発想する
❷発想したアイデアを形にまとめる
❸ビジネス案をまとめる
❹企画書を通す
❺商品を開発する
❻商品を販売する
❼事業を拡大してイノベーションを起こす

イノベーションを実現し世に問う前に、それを評価するのは、一般に経営幹部の方々である。つまり、**さまざまな社内の関門を突破せずして、イノベーションを世に問うことはできない**ということだ。[01] 多くの経営幹部の方々は、過去に優れた成功体験を持っている。しかし、その過去の考え方をベースに、未来を創り出すイノベーションを評価できるのであろうか？

「コストはどのくらいかかるのか？」
「市場規模は？」

「競合他社はどうなのか？」
「投資対効果は？」
「いったい誰が買うんだ？」

いかに優れた発想でも、経営幹部の方々からこのような「ありがたいご指導」をいただくことは少なくない。それが重なるうちに、もともとの尖った発想は再三の修正を余儀なくされ、結果的に誰にも刺さらない発想に丸まってしまう。

今まで世の中にないことを実現するのがイノベーション。誰もやったことがないことを実現しようとしているのだから、正解などあるわけもない。だから評価も簡単ではないのは言うまでもない。

イノベーションを実現するまでの過程で多くの企業が取り入れているのが、企画、設計、試作などの各段階ごとに、次の段階に進めてよいかどうかを社内で審査する

01　ベンチャーやスタートアップは違うと思われるかもしれないが、資金を出すのはやはり投資家で、目利きするのは多くの場合、投資会社の経営幹部である。

デザイン・レビュー（Design Review: DR）という仕組みだ。DRはイノベーションを実現するために作られた仕組みだが、運用は思ったよりも難しい。

過去のイノベーションの失敗を繰り返さないように、どうしても失敗させないようにさまざまな意見（言い換えれば「ありがたいご指導」）を幹部からいただくことになる。企画にYESと言うのは責任が付きまとうが、NOと言うのは責任は付きまとわない[02]。だからどうしてもYESの結論は出にくくなり、NOが多く出るのが現実[03]。結果的にDRは「関所」として立ち塞がり、優れた発想はゴミ箱に捨てられることになる。

会社のゴミ箱はイノベーションの宝の山

世の中の流れはますます速くなっている。現在、会社の屋台骨を支えている製品、サービス、ビジネスモデルが、いつまで続くだろうか。ある日突然、思いがけない競合がイノベーションを起こし、自社のビジネスに壊滅的な打撃をもたらす可能性が日々高まっている。この脅威は、技術の進化によってさらに加速している感さえある。

つまりイノベーションは、好むと好まざるとにかかわらず取り組まなければならないもので、そうしなければ会社の将来が危うくなるのは目に見えている。**経営者にとって、イノベーションは企業存続のために欠かせない死活問題と言える。**

そのため、多くの企業では、

- イノベーションを最重要課題として経営方針に入れてみたり
- イノベーションの部署を作ってみたり
- イノベーションセンターというハコモノを作ったり
- イノベーションの文言を会社のブランドメッセージに入れてみたり
- イノベーターと言われる人を外部から連れてきたり
- 外部と連携してイノベーションを進めてみたり

などなど、さまざまな取り組みをしている。

02. 本当はNOと言うことは、それだけイノベーションの実現が遅れるので、その分のリスクを冒しているのだが、それが認識されていることはほとんどない。

03. NOと言わない代わりに、YESとも言わない高等技術もあると聞く。その対策もこの本ではしっかりできるのでご期待を！

それらが成果を上げることもあるだろうが、思ったような成果が上がらないことも少なくない。なぜならば、イノベーションを目利きするのは、相変わらず「ありがたいご指導」をすることしか知らない経営幹部であることが多いからだ。

次のことが当てはまるか考えてみてほしい。

- イノベーションが重視されているわりに、仕事の進め方はイノベーティブではない
- イノベーションが現場任せになっている
- 優れた発想に対して、なかなか周囲（特に経営幹部）の支援が得られない
- 経営幹部がなかなか決めてくれなくて、先に進まない
- イノベーションを創っているのか会議資料を作っているのか、わからなくなることがある
- 尖ったアイデアが会議を経るたびに丸くなっていく
- 競合他社のヒット商品を見て「自社にも同じアイデアはあったのに」と悔しい思いをしたことがある

● イノベーションを起こすことより、外部からイノベーションを取り込むことに熱心

もしも、これらに思い当たるフシがあるなら、あなたに朗報がある。会社のゴミ箱には優れた発想がたくさん埋もれているはずなのだ。言い換えれば、**あなたの会社のゴミ箱はイノベーションの宝の山にもなりえる**ということだ。

みんなの力を合わせればイノベーションは実現できる

これまでの日本には、前述のような「ありがたいご指導」の数々を潜り抜け、世の中をあっと驚かせるイノベーションを起こした人たちがいる。たいていの場合、そういうイノベーターたちが口を揃えて言うのは、成功までの苦難の道のりだ。[04]

04 中には経営幹部に内緒でやったことが現在の成功につながったというハナシもある。しかも、成功してから続々と出てくるのは「あれは俺がやった」という武勇伝。その中には「ありがたいご指導」で足を引っ張るような発言をした方々も含まれることもあると聞く。この場合、経営幹部は「経営患部」と書くのだそうである。

WOW!トリ

会社の中で見つかった新種のトリ。会社のゴミ箱の中から、光るモノを見つけて持ちだす習性がある。鳴き声がWOW!と聞こえることが名前の由来と言われている。さまざまな場所のゴミ箱から光るモノだけを持ちだし、組み合わせて、さらに光るモノを創る習性があり、「イイトコドリ」と呼ばれることも多い。鮮やかな青が特徴。このトリが発見された会社ではブルーオーシャンが生まれることが広く知られている。

しかし、世の中がますます複雑になってくるにつれ、一人の天才イノベーターだけでさまざまな苦難を乗り越えていくのは困難になっている。多くのステークホルダーを巻き込み、周囲の力を合わせてイノベーションを起こすことが必要になってきているのは言うまでもないことだろう。

そうした状況を踏まえて、この本では次のような既成概念にチャレンジしている。

- イノベーションはひと握りの天才が起こすもの
- 優れた発想がイノベーションを起こす
- 優れた人材が集まらないとイノベーションは起こせない

一般に考えられているこのような既成概念こそが、イノベーションの敵になっているのではないだろうか。

この本で紹介するＴＯＣイノベーションプロセス「Ｅ４Ｖ（Eyes for Value）」は、

イノベーションの先進国イスラエルで生まれたもの。一人の天才に依存するのではなく、みんなの知恵を使ってイノベーションを起こしていく。アイデア発想のみならず、事業化してイノベーションを起こすまで、すべてのプロセスを網羅している。そして、**関わるステークホルダーのすべてにウィン・ウィンのブレークスルーをもたらす方法論である**。

Ｅ４Ｖは次のようなことを、部門の壁を超えて、会社の壁も超えて、みんなで協力して実現していく。そのプロセスは次の通り。

- 世の中にＷＯＷ！と言わせる発想を、組織の壁を超えてみんなで創る
- 商品で語る中期経営計画を創る
- 市場のあらゆるステークホルダーが応援する仕組みを創る
- すべてのＤＲが、関所ではなく支援を増やす加速ポイントとなる
- 経営幹部が喜んで支援してくれるようになる
- 科学者のようにみんなで仮説検証できるようになる
- 対立を活用してブレークスルーを起こせるようになる

- 斬新な発想なのに、市場がその価値を高く評価してくれる
- 相手の立場になってNOと言えない提案を創る
- イノベーションの実現をかつてないスピードで達成する

全体のプロセスは、イノベーションを実現するまでの流れに沿って組み立てられているが、**一つひとつの方法は、現在あなたが抱えている仕事上の問題を解決するために、単独でも使える**ようになっている。

大企業を前提に書かれているように思われるかもしれないが、スモールビジネスのオーナーでも一つひとつの方法はお役に立つはず。なぜならば、経営資源が限られているスタートアップこそ、多くのステークホルダー（中には大企業も含まれる）を巻き込んでいくことが必須となるからだ。

いま世の中にある大企業だって、元をただせば小さなスタートアップだった。求められるイノベーションを次々と巻き起こし、世の中にWOW!をもたらす大企業になることも夢ではないのだ。

「日本は戦後の荒廃から立ち上がり、世界中の品質という概念を変えるほどの飛躍を遂げてきた。しかし、その後はどうだったのだろうか。先達が築き上げてきた土台を単に磨き上げてきただけではないのか。目覚ましい飛躍をした土台は、磨き上げられるためにあるのではない。次なる飛躍のためにあるのだ」

これは、世界で1000万人が読んだベストセラー『ザ・ゴール』の著者であり、全体最適のマネジメント理論TOC（Theory of Constraints: 制約理論）[05]を開発したイスラエルの物理学者、エリヤフ・ゴールドラット博士が我々日本人に遺した言葉である。

『ザ・ゴール』を読んだ方ならおわかりだと思うが、TOCは世の中の既成概念を覆すブレークスルー思考そのものである。**この知識体系の粋を集め、世の中にWOW！と言わせるイノベーションを創り出すために開発されたのが、本書で紹介する**

05: 全体最適のマネジメント理論TOCについては、巻末に論文を載せているので参考にしてほしい。

E4Vだ。

ゴールドラット博士が生前ごく限られた側近とともに行っていたこの知識体系を、世界に先駆けて日本で書籍として公開できることを、博士の思いを受けた側近の一人としてとても嬉しく思っている。

我々は信じていることがある。それは、「**プロセスさえあれば、誰でも世界を変えるイノベーターになれる**」ということだ。その確信は、この本で紹介するＥ４Ｖのプロセスを使うほどに高まっている。

「和を以《もっ》て貴《とうと》しとなす」と教えられている我々だが、ステークホルダーすべてがウィン・ウィンでつながるＥ４Ｖは「和のイノベーションプロセス」と言っても過言ではないと思っている。この本がきっかけになって「和のイノベーションプロセス」で日本が再び飛躍の道を切り拓くことを願っている。

ゴールドラットジャパンＣＥＯ　岸良裕司

TOCイノベーションプロセス「E4V」の全体像

3つの前提から構築されたE4V

TOCイノベーションプロセス「E4V（Eyes for Value）」は、次の3つの前提から構築されたものだ。

- どんなに優れた商品・技術でも、お客様に価値をもたらさなければ、世の中にイノベーションを起こすことはできない
- どんなに価値ある商品・技術でも、お客様にその価値が伝わらなければ、世の中にイノベーションを起こすことはできない
- どんなに優れた価値ある商品・技術でお客様にその価値が伝わっていても、多くの人の助けなしには、世の中にイノベーションを起こすことはできない

優れた商品・技術だけでイノベーションが起こせないことは、実務家ならばご存じだろう。優れた商品・技術であっても実際にうまくいかないほとんどの理由は、それが必ずしもお客様に価値をもたらしていないからだ。

たとえ優れた価値が本当はあったとしても、その価値を世の中が理解できるとは限らない。なぜならば、イノベーティブな商品というのは今まで世の中にないもの。必然的に世の中がその価値をきちんと理解するのが難しいからだ。[06]

たとえ優れた価値ある商品・技術で、その価値が世の中に広く伝えられたとしても、それだけでイノベーションが起こせるわけではない。なぜならば、イノベーションを起こすには、外部から資金援助を得たり、世の中の既成概念を変えたり、時には政府の規制にさえチャレンジする必要があり、多くの人や組織の支援が必要になるからだ。

実際、イノベーションを実現するためには3つの壁がある。それは、**①価値を創**

る、②価値を伝える、③実現への道のりを創るという壁だ。そして、「価値を創る」壁よりも「価値を伝える」壁はハードルが1ケタ高くなり、さらに「実現への道のりを創る」壁はもう1ケタ高くなる。壁を一つ乗り越えるたびに、必要な資金も増えるし、難易度も上がり、より多くの人々や組織の支援が必要となっていくからだ。

●イノベーションを実現する3つのSTEP

この本で紹介するTOCイノベーションプロセス「E4V」は、こうした現実を前提として、次の3つのSTEPで成功への道のりを歩いていく。各STEPは、それぞれの障害をスムーズに乗り越え、そのつど支援者を増やしてイノベーションが実現できるように設計されている。

STEP1　価値を創る
STEP2　価値を伝える
STEP3　実現への道のりを創る

06 実際、ベンチャーの失敗の原因は、その商品に価値がなかったということよりも、その価値を世の中に広く伝えられなかったことが多いのは、よく知られている。

ＳＴＥＰ１「価値を創る」のプロセスでは、「顧客の目」「市場の目」「商品の目」の〈３つの目〉で新商品の価値を創造していく。そして、まだ世の中にない商品のコンセプトをあたかもすでに存在するかのような視点でとらえ、〈ＷＯＷ！カタログ〉を創る。加えてこのＳＴＥＰでは、商品で語る中期経営計画〈ＷＯＷ！ロードマップ〉も創る。

ＳＴＥＰ２「価値を伝える」のプロセスでは、その商品を購入するお客様の立場になって、商品コンセプトを〈変化の４象限〉で見つめ直していく。その価値をお客様にどう伝えたらいいかを再考し、〈市場の教育〉の６つの質問で、まだ世の中にない商品のコンセプトをどうやって広めていくか、具体的な案を創っていく。

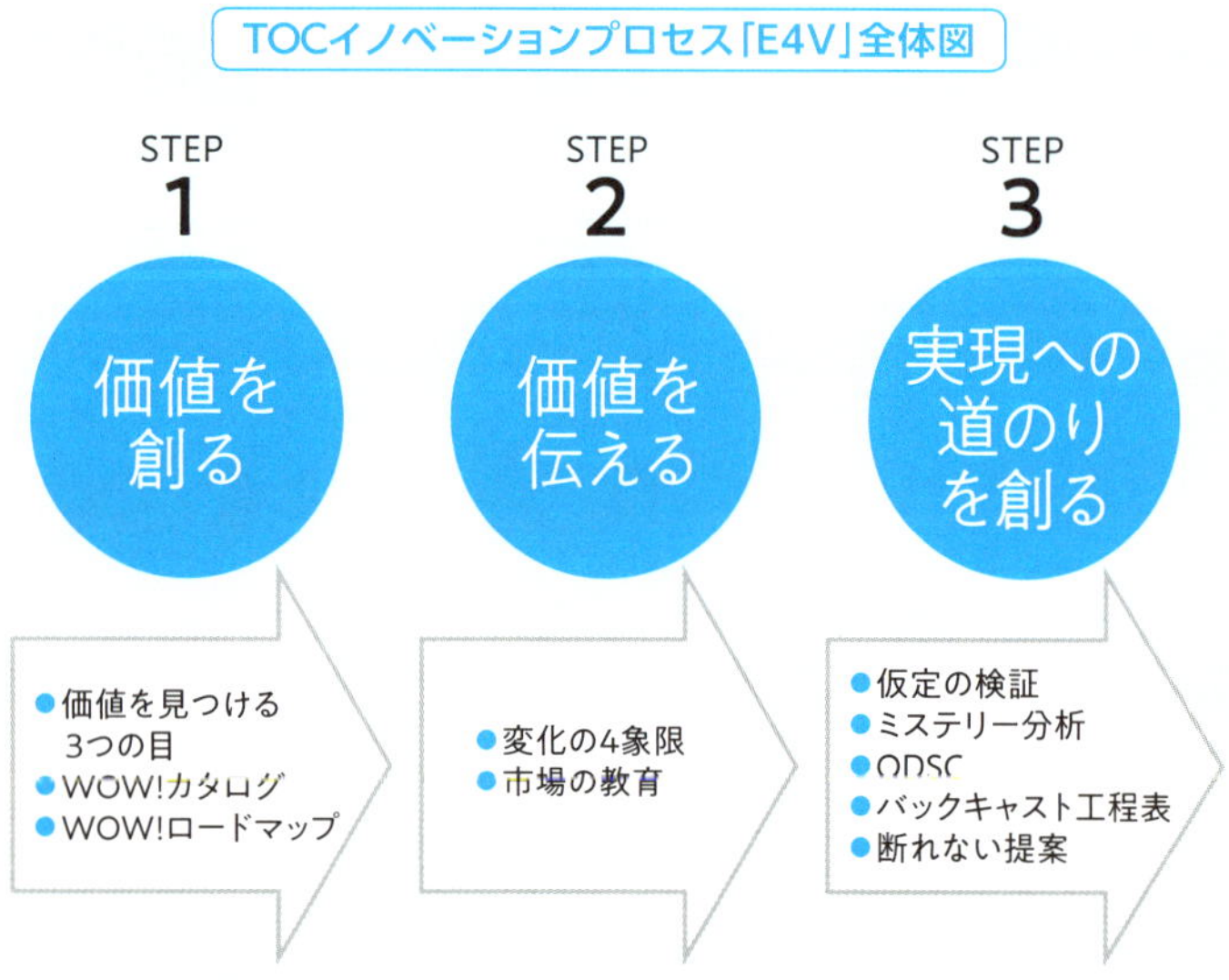

ＳＴＥＰ３「実現への道のりを創る」のプロセスでは、その商品がビジネスとして成功するための仮説を創り、素早く検証する〈仮定の検証〉を行う。また、失敗を学びに変える〈ミステリー分析〉、メンバーの志を一つにする〈ＯＤＳＣ〉、成功への道のりを描く〈バックキャスト工程表〉、ステークホルダーの賛同を得る〈断れない提案〉などのツールを活用し、みんなの知恵を結集してＷＯＷ！と言わせる提案を創っていく。

それぞれのプロセスでは実践的な道具をご紹介するが、**何と言ってもラクなのは、あらかじめ用意された質問に答えるだけで、すべてのプロセスが実践できるところ**。しかもチームでできるので、楽しくワクワクするはずだ。さあ、世の中をＷＯＷ！と言わせるイノベーションプロセスの始まりだ！

優れた発想はなぜゴミ箱に捨てられるのか?――目次

STEP2 価値を伝える

STEP3 実現への道のりを創る

STEP1

価値を創る

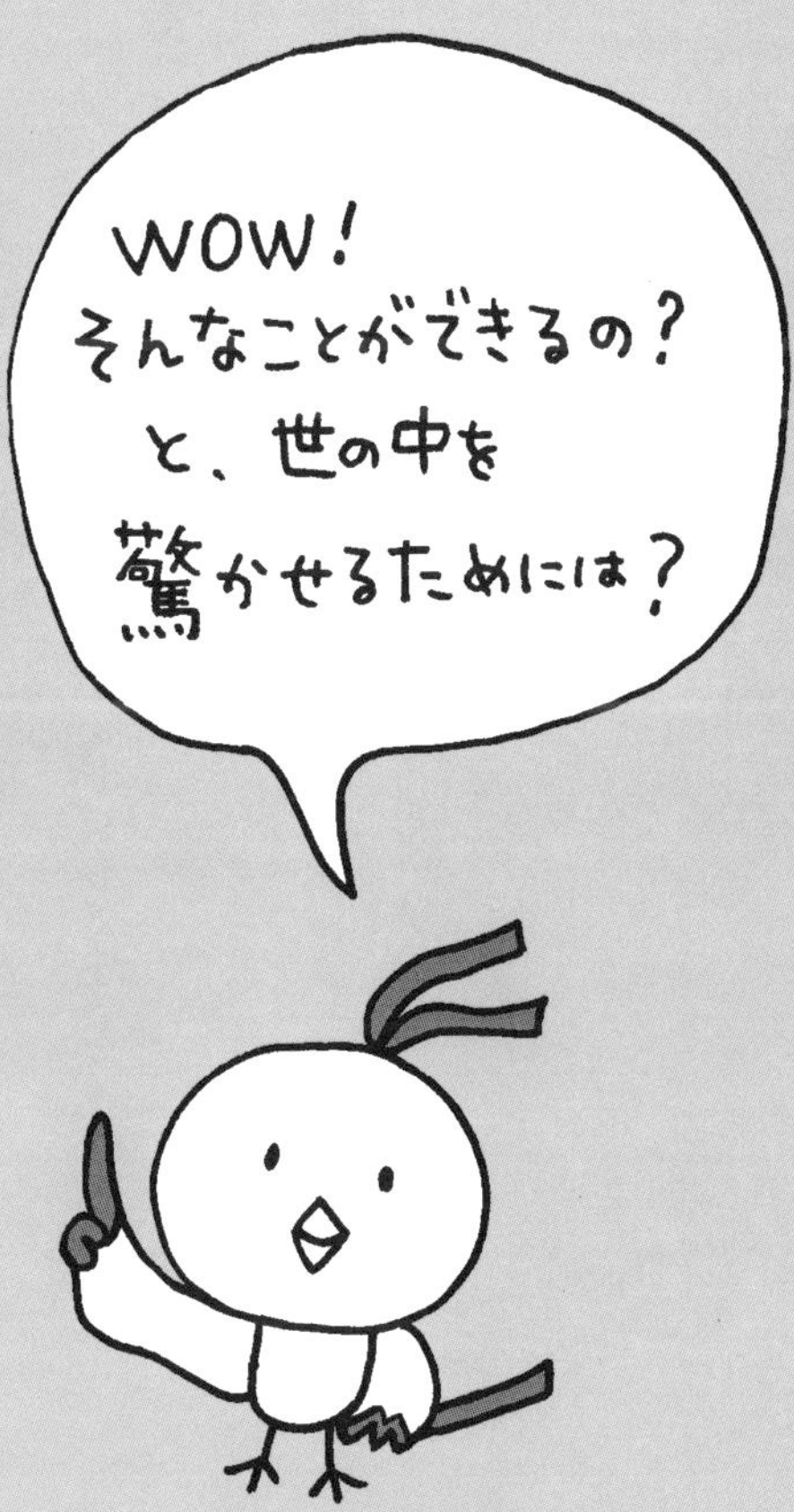
WOW!
そんなことができるの?
と、世の中を
驚かせるためには?

イノベーションに欠かせないたった一つのこと

どんなに優れた商品でも、お客様に価値をもたらさなければ、世の中にイノベーションを起こすことはできない。つまり、**他にはないどういう新しい価値をもたらすかが、イノベーション成功の第一歩**と言える。

お客様に新しい価値をもたらしたいという気持ちは、商品企画に関わる人ならば誰もが持っているであろう。それなのに、新商品が思ったようにうまくいかないことは往々にしてあるのが現実。中には、次のような状況に陥ってしまうことも少なくない。

- 追加機能がお客様に無視されてしまう
- 斬新な変化は実行するのが難しく、市場もついてこない

追加機能がお客様に無視されてしまう

お客様に新しい価値をもたらそうとするあまり、ちょっとだけ商品を変化させてみたり、新しい機能を追加したり、減らしたりするゲームに陥りがちだ。

競合他社が新しい機能を入れると、どうしても同じ新機能を入れたくなる。「その機能を入れると売れるの？」と聞いても、「売れる！」と断言する人は残念ながら出てこないことが多い。それでも、他社がやっているという理由だけで、希少なリソースが投入され、開発が行われる。機能を増やせば増やすほど、複雑になり、使いにくい商品になりがちだ[07]。すると、もっとシンプルに使いやすい商品をということになり、今度はどの機能を減らすかという話になる。

機能を増やすべきか、減らすべきかのジレンマに挟まれて、何を売りにするのか

07　一説によると、開発されたソフトウェアの9割の機能は使われていないという。希少な開発リソースが、ユーザーが使いもしない機能、ひどいときには商品を使いにくくしている機能に使われているのであれば、こんなに悲しいことはない。

商品戦略も決まらないまま、新商品の納期だけが決まっていることも少なくない。その納期に間に合わせるために、開発は見切り発車でスタートされる。商品戦略が決まっていないのだから、仕様はころころ変わり、その結果、現場が翻弄される。

こういう状況が続くと、売れる商品がなかなか出てこなくなる。売れる商品が出てこないと、必然的に起きるのは売上の減少である。すると、次のような悪循環に陥ってしまう。

売上が減ると、利益が減る

↓

宣伝・販売促進などのマーケティング予算が減る

↓

市場でのブランド認知度が低くなる

売上が減る悪循環

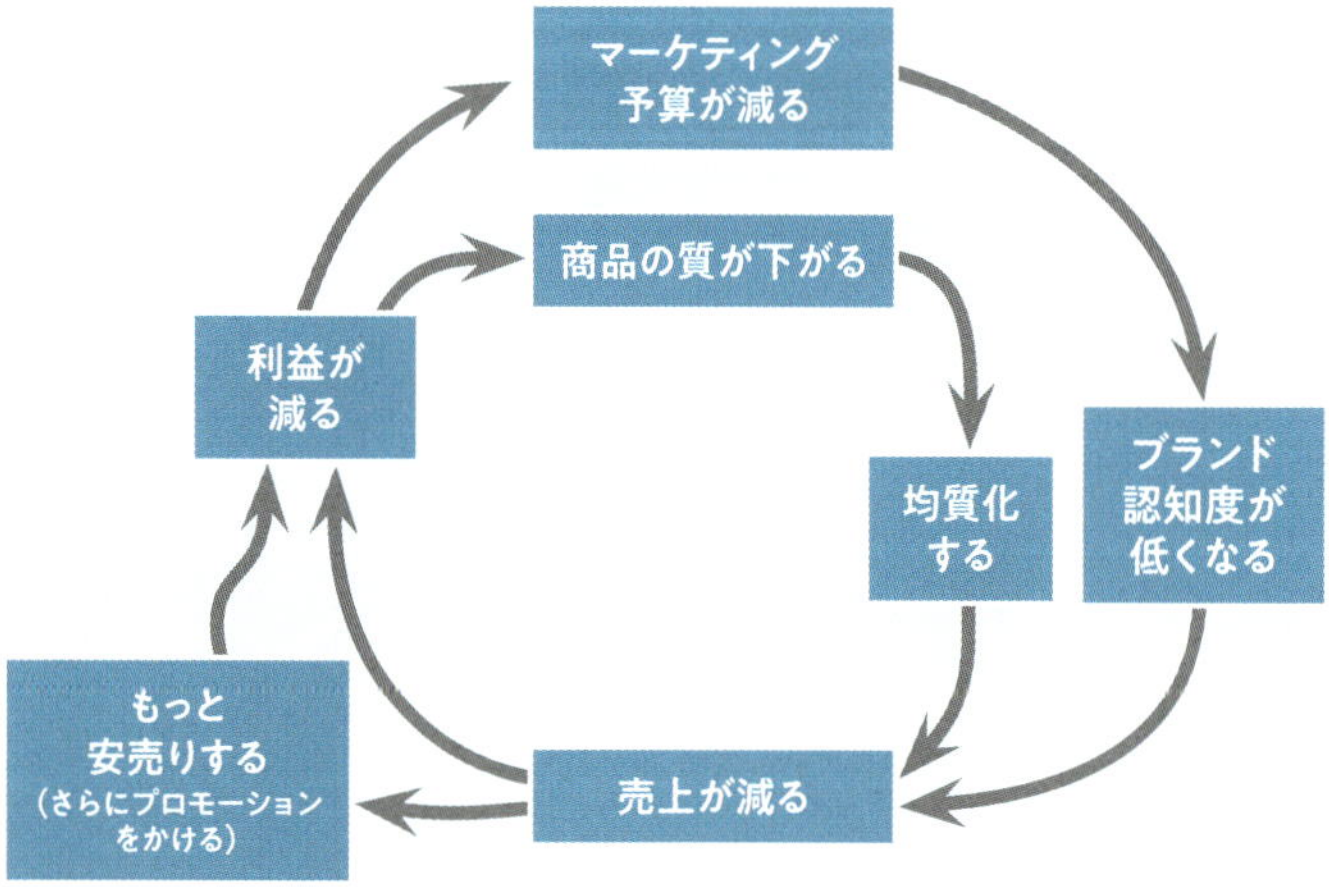

売上がさらに減る

↓

値下げをしてでも売上を確保しようとする

↓

利益がさらに減る

↓

コストダウンに注力し、商品の質が下がる

↓

競合他社との差別化が難しくなり、均質化する

↓

売上がさらに減る

こうした悪循環を招くことは実に多い。自社の主力商品を売り続けるために取った打ち手なのに、それが裏目に出てしまう典型例と言える。

斬新な変化は実行するのが難しく、市場もついてこない

今まで世の中にないものを生み出すのがイノベーション。だからこそ、あまりに斬新な変化は実行するのが難しく、しかも市場がついてこないことも多い。

ここで注意してほしいことがある。今悪いからと言って、全部が全部悪いというわけではは必ずしもないということだ。**既存の商品の中で、一部のお客様に熱狂的に支持されているものや、想定外の使い方をされて喜ばれているものがあるかもしれない。**

今世の中に広く受け入れられていないからといって、その商品に価値がないとは限らないのだ。商品は悪くないのに、その価値が伝わっていないせいで世の中に受け入れられていないことは十分にありうる。なぜならば、今まで世の中にないものは、その価値をみんな（開発者本人も含む）が理解できていることが少ないからだ。

今まで世の中にないものだからこそ、どのような新しい価値があるのか、誰にで

もわかるようなかたちで〈市場の教育〉を広く行っていかなければならない。

〈市場の教育〉は決して簡単なことではない。イノベーティブな商品であればあるほど、市場に理解されるのは難しく、新しい価値をていねいに伝えていく必要がある。どんなに優れた商品でも、それができなければ、やがて事業として立ち行かなくなってしまう。そして、**多くの優れた商品が〈市場の教育〉[08]を怠ったせいで、埋もれていく**ことになる。

「あれは以前やったけどうまくいかなかった」

「他社も似たようなアイデアでやっているけど、どれもうまくいっていない」

08 ─〈市場の教育〉のプロセスについては、STEP2で紹介する。

塵トリ

「以前もやったけどうまくいかなかった」「他社もやっているけどうまくいっていない」などと言ってゴミ箱に片づけるのが得意なトリ。塵取りに似ている姿から名付けられたと言われている。

一見ネガティブに聞こえる、こんなコメントが出てきたら、そこに大きなチャンスが隠れている可能性が大きい。なぜならば、多くの人が市場の可能性に気づいているのに、誰一人まだ成功していないからだ。もしかしたら、〈市場の教育〉をして新しい価値を誰にでもわかるように伝えるだけで、大きな市場が切り拓かれる可能性があるということになる。

●――イノベーションの価値を考える

「価値は、顧客にとって重要な限界を、過去には不可能だった方法で、他のどの競合もできなかったレベルで取り除くことで、もたらされるものである」

これは『ザ・ゴール』の著者、ゴールドラット博士の言葉である。この言葉から、イノベーションが事業として成り立つには3つの条件があることが明らかになる。

❶些細な限界を取り除いてもイノベーションとは言えず、世の中に価値をもたらすことはない

❷過去には不可能だったと思われていることでないと、イノベーションとは言え

ない

❸ 競合他社がカンタンに真似できるようでは、イノベーションとは言えない

一言で言うなら**「そんなことできるの!?」と世間の常識の限界を突破するWOW!をもたらしてこそ、イノベーションと言える**のだ。

限界の向こうにWOW!がある

新しい価値を創るために一般に行われるのは、市場調査などでお客様の声を聞くこと。しかし、お客様の声を聞いて本当にイノベーティブな商品が出来るのだろうか?

もし、お客様の声を聞くだけでイノベーションが起こせるとすれば、世の中の会社はイノベーション企業だらけのはずである。お客様の声を聞くだけではイノベーションが起こせないのは、論理的にも明らかである。なぜならば、言われた通りにやっただけでは、で

限界トリ

世の中で当たり前と思われているさまざまな限界を見つけると、つついて突破する習性がある。WOW!トリの亜種であるという説があるが、研究者による解明が待たれるところである。

きて当たり前と思われるのがせいぜいだからである。

「お客様の声を聞け！」[09]「お客様の声を聞いても意味がない！」という矛盾した議論がイノベーションの現場ではよく聞かれるが、ここで明らかなのは、お客様の言う通りにやってもＷＯＷ！はなく、イノベーションとは言えないということ。**世の中の常識の限界を突破して、お客様が思いもつかなかったＷＯＷ！をもたらしてこそイノベーションと言える。**

そもそも、お客様は自分のことしか知らないことが多い。しかも、それを実現する技術などに詳しいわけでもない。お客様に比べれば、さまざまなセグメントのさまざまなお客様を知っている我々のほうが、よっぽどニーズを見つけるのに有利だし、技術の動向を詳しく知っている我々のほうが、ニーズを

限界の向こうにWOW!がある

お客様の言う通りにやってもWOW！はない。世の中の常識の限界を突破して、お客様が考えもつかなかった価値をもたらしてこそWOW！がある。

より正確に理解できるはずなのだ。

実は、**お客様よりも我々のほうが価値を見つけるには優位な立場にある**とも言えるのだ。[10] ならば、その優位な立場をうまく活用していけばいい。

09 「お客様の声を聞け！」と言っている経営幹部が、実際には内部の声しか気にしていない場合もあるという。この場合も正しい漢字は「経営患部」と書くのだそうである。

10 ソフトウェア開発の現場でも「お客様が本当は何をしていいかわからない」「仕様が決まらない」などの問題をよく聞く。仕様が決まらないことを前提に、イテレーション（短い間隔で反復しながら行われる開発サイクル）をやたら繰り返して膨大なコストと時間が無駄に使われていないだろうか？　仕様が決まらないという前提は本当に合っているのだろうか？　これから紹介するＥ４Ｖのプロセスを活用することで、膨大なコストと時間を無駄にすることなく、お客様にＷＯＷ！と言わせるソフトウェアを提供することも可能となる。

WOW！と言われる価値を見つける〈3つの目〉

モノの見方をちょっと変えるだけで、既成概念から我々を解き放ち、WOW！と言われる価値を見つける便利な道具がある。それが、価値を見つける〈3つの目〉だ。**3つの目とは、①顧客の目、②市場の目、③商品の目で、この順序で価値を見つけていく。**

これから一つずつ、プロセスを見ていこう。

マイナス・マイナスの「顧客の目」

まず顧客の目になって、望ましくない現象（マイナス）を考える。そして、どのマイナスを消したらWOW！という価値をお客様にもたらすのか考えるのだ。

マイナスからマイナスを引くとプラスになる。**顧客にとって大きなマイナスをなくせば、大きなWOW!をもたらすことができる**のは自明のこと。実際にやるのもカンタン。次の4つの質問に答えればいい。

❶顧客は誰ですか?
❷顧客にとって重要なマイナスは何ですか?
❸取り除くとWOW!という重大なマイナスはどれでしょうか?
❹それは今までのどんな限界を取り除きますか?

たった4つの質問だが、実はそれぞれの意味は深い。

①顧客は誰ですか?

商品を購入している人だけが顧客とは限らない。あなたの商品が販売店などによって仕入れられ、売られているのならば、販売店も顧客である。また、事業の運営には資金が欠かせない。あなたの会

社が株主や銀行などから資金を提供されているのであれば、その投資以上のリターンを返さなければならない顧客と考えていい。

「顧客は誰ですか?」という質問は、毎日の業務の中で当たり前となっている常識を見直し、一旦既成概念を取り払って、広い視野でビジネス全体の流れを見直すきっかけとなる。

自動車の事例で見ていこう。顧客は、もちろん一般のクルマを買う人たちである。でも、それだけじゃないはず。クルマを仕入れて売ってくれるディーラーだって重要な顧客である。膨大な開発コストや運営資金を提供してくれている株主、投資家、銀行だって顧客である。さらに、事業を進める上で法規制やルールなどを決める国や行政だって、顧客とまでは言えないが[11]、事業に重要な影響を与えるステークホルダーである。それらの顧客をリストアップしていく。

② 顧客にとって重要なマイナスは何ですか?

前に挙げたそれぞれの顧客の立場になって、重要なマイナスは何かを考えていく。

「顧客の立場になって考えろ！」と言ってもナカナカできるものではないが、**顧客の重要なマイナスを考えることは、すなわち「顧客の立場になって考える」ことになる。**

③ 取り除くとWOW！という重大なマイナスはどれでしょうか？

すべてのマイナスを消すことが大事なのではない。それを消すとＷＯＷ！と言われる大きなマイナスを消さなければ、イノベーションは起こせない。あれもこれも手を出すのではなく、もっとも重要なマイナスに絞り込むことが大事である。

現時点で、消せるかどうか技術的な可能性を考える必要はない。今カンタンにできるものならば、イノベーションとは言えないはず。技術的な可能性はもっとコンセプトを明確にしてから考えればよい。[12] それを消したらスゴイと思えるマイナスに

11. 税金を納めているのだから、我々のほうが顧客のはず。こんなにお金を払っているのに、お客様扱いされた覚えがあまりないのは私だけだろうか。

12. 後ほど明らかになるが、コンセプトが明確になると仕様がぶれなくなる。研究開発のメンバーにとって、仕様がぶれ、二転三転することほどイヤなものはない。なぜならば、今までやってきたことの多くが無駄になるからだ。しかし、何をもってしてＷＯＷ！と言わせるか明確になれば、技術者もそこに集中できる。集中すれば仕事の質も上がる。だから、研究開発の成功確率も必然的に高まる。

絞り込んでいくのだ。[13]

先ほどの自動車の事例で見ていこう。顧客の重要なマイナスは何か。地球環境保護が叫ばれる中で、一般に「エコカー」と言われるハイブリッド自動車や電気自動車がますます世の中に広まっている。でも、顧客にとってはどうだろうか。

ハイブリッド自動車や電気自動車は、普通のクルマと比較すると価格は高いし、そのわりに走りは必ずしもよくない。あなたの商品が競合よりも価格が高くて、性能が低くても売れるだろうか？　売れるはずがないと思うに違いない。でも、なぜ「エコカー」が売れているのかと言うと、政府が環境を守るためにエコカー減税などをして、値段の高い分を税金で補っていることが大きい。増え続ける借金で財政難に悩む日本である。このマイナスを解消するのは政府にとっても重要なことと言えるだろう。

④ それは今までのどんな限界を取り除きますか？

大きなマイナスによって引き起こされている限界があるはず。その限界があるという認識が世の中の既成概念を作っているはずなのだ。

例えば、先ほどの自動車の事例を考えれば、「今までエコカーは高くって、走りが悪いものって思ってませんでしたか？　でもこれからは違います！」というコンセプトを創れば、ＷＯＷ！ということになる。[14]

「今までは〇〇だと思ってませんでしたか？　でもこれからは違います！」。こう言葉に表したときにＷＯＷ！と感じたら、きっとそれはお客様の想像の限界を超えて世の中にＷＯＷ！と言わせる価値があるということだ。

13　WOW!をもたらすのは技術的なイノベーションに限ったものではない。今までの売り方を変えるだけでお客様にWOW!をもたらすとすれば、それもイノベーションと言える。

14　お気づきかもしれないが、これはマツダがSKYACTIVというエンジン開発で行っていたことである。SKYACTIVは電気自動車やハイブリッド技術に頼らずにエンジンの燃焼技術を磨き上げることで、従来のエコカーに勝るとも劣らない環境性能と、一切妥協しない走りを両立させた。経営難の中で飛躍の道を切り拓いた物語は感動モノ。すっかりマツダファンになってしまった私は、自称「マツダチアリーダー」とまで名乗っているほど。ソウルレッドのロードスターは、こんなに楽しいクルマがあったのかと思えるほどで、幌を頭に見立ててナデナデするほど溺愛している少々オタクなワタクシである。

マイナス・マイナスの「顧客の目」ワークシート

❶顧客は誰ですか？

❷顧客にとって重要なマイナスは何ですか？

❸取り除くとWOW!という重大なマイナスはどれでしょうか？

❹それは今までのどんな限界を取り除きますか？

プラス・プラスの「市場の目」

これまでは「顧客の目」で見てきたが、次は市場に目を向けて、ＷＯＷ！と言われる価値を見つけていく。

世の中には、ありとあらゆる苦労を厭《いと》わず、自分の要望を満たそうとしている不思議な人たちがいる。こういう人は、一般に「オタク」とか「変わり者」とか「テールユーザー」と言われる。だが、実は彼らは、世の中で仕方がないものと思われているマイナスを消して、普通の人があきらめている要望を満たそうとしていることが少なくない。

普通の人があきらめている要望の中には、多くの人が本当は望んでいる要望が隠されているかもしれない。そこには、まだ満たされていない大きな市場がある可能性があるのだ。

プラス・プラスのメガネ

一部の人だけが、ありとあらゆる苦労を厭わずに満たしている要望。[15] それをほとんど苦労なしに簡単にできる方法を考えれば、大きな市場を創れる可能性が高い。小さな顧客グループの「プラスの要望」を見つけて、その苦労をなくすことで、プラスの大きな市場を創っていく。プラス・プラスのアプローチだ。これを考えるための質問もカンタンだ。次の4つの質問に答えるだけだ。

❶ある要望を満たすために、あらゆる苦労を厭わない小さな顧客グループはありますか?
❷彼らはどんなプラスの要望を満たそうとしていますか?
❸その要望を満たすと大きなプラスの市場になると思われるのはどれでしょうか?
❹それは今までのどんな限界を取り除きますか?

先ほどのように、この4つの質問の詳細を紹介しよう。

① ある要望を満たすために、あらゆる苦労を厭わない小さな顧客グループはありますか？

市場を見渡し、小さな顧客グループを探していく。世の中に広く目を向けるだけでなく、既存の顧客の中にも、想定とはまったく違う不思議な使い方をしている顧客がいるかもしれない。実はそこには、我々が気づいていない大きな可能性が隠されていることがある。こういった顧客グループをリストアップしていく。

② 彼らはどんなプラスの要望を満たそうとしていますか？

それぞれの顧客グループについて、彼らが満たそうとしている要望を考えていく。彼らがどんな要望を満たそうとしているのかは、彼ら自身にも必ずしもわかっていないことが多い。だから、彼らに聞くよりも、その不可思議な行動から、どんな要望を満たしたいのかを我々が考えていくことが大事だ。

ここで気づくのは、彼らの行動は一般には理解しがたいものであっても、その行

15. こういう人のことを一般にオタクと言うが、ワークショップをしていると、なぜか自分がオタクの部類に属することを毎回思い知らされるワタクシである。

動から要望をたどると、要望自体は一般の人にとっても重要であることが多いということだ。**小さな顧客グループの行動からたどっていくと、大きな要望を見つけることもできる**のだ。

③その要望を満たすと大きなプラスの市場になると思われるのはどれでしょうか?

それぞれの顧客グループについて議論した要望について、大きな要望か、小さな要望かを考えていく。小さな要望を満たしても、世の中がＷＯＷ！というイノベーションを起こせるはずがない。だからこそ、ここで大きな要望だけを選択して、検討していくことが大事なのだ。

例えば、数十万円の中古自動車を買って、数百万円かけて改造している人がいる。改造したクルマは、当然だが改造車となり、市場価値はほとんどゼロ。それをオタクだとか、マニアだとかの言葉で片づけていいのだろうか。その裏に隠された、彼らが満たしたい要望を考えてみる。

ゴールドラット博士が生前、これに関して好んで語ったエピソードがある。

博士は最初に「人生で一番高い買い物は何か?」と質問する。「おそらく家だろう。新しい家なら当然自分好みの設計をするし、中古の家を購入しても、自分好みにリフォームするはずだ」と語る。

博士の次の質問は「人生で3番目に高い買い物は何か?」と問う。「例えば奥さんのドレスだろう。シャネルのドレスを買ってあげれば、奥さんは喜ぶはずだ。それを着てパーティーに行く。もしも、そのパーティーで同じドレスを着ている人がいたらどうなるだろうか? おそらく卒倒するに違いない。人間というのは個性を表現したい生き物なのだ」

そして最後に「では、2番目に高い買い物は何か?」と博士は問う。「自動車だろう。人生で2番目に高い買い物なのに、自分の個性を表現できない。これは大きなニーズではないのだろうか…」

「個性を表現したい!」。お金に糸目もつけずにクルマを改造している人の行動はオタクかもしれないが、その行動からたどった要望は実は大きな市場があることを示唆していることになる。ほんのわずかな人しか購入しない商品の種類をドッグテール（犬のシッポ）と言うが、ゴールドラット博士は「**テールがあるところには、犬がいる。テールをたどれば、大きな犬が見つかることもある**」と語っていた。

④ それは今までのどんな限界を取り除きますか？

大きな市場を切り拓く可能性のある要望があるのに、現在実現していないのには、何らかの限界があるに違いない。それがどのような限界なのかを探していく。その限界があるという考えが、現在の世の中の既成概念を作っているはずなのだ。

先ほどと同じように、「**今までは○○だと思ってませんでしたか？　でもこれからは違います！**」こう言葉に表したときにＷＯＷ！と感じるかどうか考えていくのだ。

先ほどの改造車の事例を考えれば、「今までは、クルマで自分好みの個性を表現するのは一部の人しかできないと思ってませんでしたか？　でもこれからは違います！」というコンセプトを創ればＷＯＷ！ということになる。

プラス・プラスの「市場の目」ワークシート

❶ある要望を満たすために、あらゆる苦労を厭わない小さな顧客グループはありますか？

❷彼らはどんなプラスの要望を満たそうとしていますか？

❸その要望を満たすと大きなプラスの市場になると思われるのはどれでしょうか？

❹それは今までのどんな限界を取り除きますか？

振り切って考える「商品の目」

これまでは「顧客の目」と「市場の目」で見てきたが、次に商品に目を向けてＷＯＷ！と言われる価値を見つけていく。

この順序はきわめて重要である。イノベーションと言うと、最初に商品や技術のイノベーションに目が行きがちだが、お客様にＷＯＷ！という価値をもたらさないものはいくらスゴイ商品・技術であっても事業としては成り立たない。だから、**最初に「顧客の目」で価値を考え、次に「市場の目」で価値を考えることが大事**なのだ。

ここまで議論すると、十分に顧客の視点や市場の視点で、既成概念から解き放たれて考えられるようになっているはず。その頭の使い方のまま、今度は商品のさまざまなパラメータを振り切って考えることで、お客様にＷＯＷ！をもたらすことができないか考えてい

↑↓のメガネ

くのだ。これを考えるための質問もカンタンだ。

❶商品が構成されているパラメータは何ですか？
❷それらのパラメータを大きく上下に変化させたり、なくしたり追加すると、どんな価値をもたらしそうですか？
❸大きなＷＯＷ！をもたらしそうなものはどれでしょうか？
❹それは今までのどんな限界を取り除きますか？

先ほどのように、この4つの質問を詳しく紹介しよう。

① 商品が構成されているパラメータは何ですか？

重さ、大きさ、価格、バリエーションなどなど、商品にはさまざまなパラメータがある。あなたの商品を構成するパラメータを挙げていこう。

② それらのパラメータを大きく上下に変化させたり、なくしたり追加すると、どんな価値をもたらしそうですか？

商品を構成する一つひとつのパラメータを思い切り上げたり、下げたりして、振り切って考えてみる。もしかするとパラメータそのものをなくしてしまうのもありかもしれないし、新しいパラメータを追加して、今までにない価値を創ることも可能かもしれない。それを検討していく。

③ 大きなWOW!をもたらしそうなものはどれでしょうか？

パラメータを振り切ることでもたらされそうな価値について、どれが世の中にWOW！という価値をもたらすか検討していく。

ときにはパラメータをなくすことが大きな価値をもたらすこともある。例えば自動車の事例だが、カタログ燃費というのは一般に重視されているパラメータである。[16]でもよく考えてみると、カタログ燃費を信じている人が世の中にいるのだろうか？カタログ燃費をなくしたらどうなるか、今まで考えてもみなかったアプローチを考えてみる。

カタログ燃費をよく見せるために使ってきた労力とコストを、すべて実走行における本当の燃費をよくすることに使ったらどうなるだろうか？　エンジニアにとって、規制に対処するための開発と、本当に燃費をよくするために燃焼効率をさらに上げるための開発では、果たしてやりがいを感じるのはどちらだろうか？

投入できる労力、コスト、時間は限られている。「燃費などもカタログ競争に走らず、本当にCO_2を減らすんだという気持ちになって考える。どこで誰が乗っても、日本の車は燃費がいい」[17]と言われるために注力したほうが、よりよい結果がもたらされるのではないだろうか。

④ それは今までのどんな限界を取り除きますか？

これまで議論してきたWOW！の価値が今実現できていないのは、何らかの限界があるからに違いない。それが現在の世の中の既成概念を作っているはずだ。

先ほどと同じように、「**今までは○○だと思ってませんでしたか？　でもこれ**

16．しかもカタログ燃費は、名だたる世界の自動車メーカーが数字を捏造してでもよく見せたいと思うパラメータである。

17．この言葉は、マツダのSKYACTIV開発の総責任者、人見光夫氏の言葉である。「プレミアムジャパンを世界に向けて」人見光夫、自動車技術Vol.68、2014年9月号より引用。

振り切って考える「商品の目」ワークシート

❶商品が構成されているパラメータは何ですか？

❷それらのパラメータを大きく上下に変化させたり、なくしたり追加すると、どんな価値をもたらしそうですか？

❸大きなWOW！をもたらしそうなものはどれでしょうか？

❹それは今までのどんな限界を取り除きますか？

からは違います！」という表現でこれまでの議論を表してみると、次のようになる。

「今まではカタログ燃費がよければ燃費がいいと思ってませんでしたか？　でもこれからは違います！　見た目のカタログ燃費は悪くても、実際に走ってみたら驚くほど走りがよくて、しかも燃費がいい。そんなクルマを実現しました！」

言葉に表したときにＷＯＷ！と感じるかどうか考えていくのだ。

お気づきかと思うが、これが従来のエンジンでエコカーに負けるとも劣らない環境性能[18]と、驚くほどの走りの両立をもたらしたマツダのＳＫＹＡＣＴＩＶの開発思想そのものである。

18　電気自動車はゼロエミッションで環境にいいと言われているけど、本当だろうか？　電気が何を燃やしてできているのかと言えば、多くの場合、石油である。もしも、日本中のクルマが電気自動車になったらクリーンかと言うと、そうでもないかもしれない。日本にある約５００万台のクルマが夜間に一斉に充電を始めると、発電所の数が今の2倍あっても足りないという試算さえある。その場合、どんな発電所が作られるのだろうか？　考えるとちょっと怖くなるのは私だけだろうか？

まだ世の中にない新商品の〈WOW!カタログ〉を創る

新商品のイメージを視覚化する

これまでの〈3つの目〉の議論を通して、あなたの商品もWOW!と言わせるようなコンセプトができているはずである。その中で筋のよいものをベースにカタログにしていく。

〈WOW!カタログ〉を創るのは実は簡単だ。既存商品のカタログをひな型にすればいい。既存商品のカタログには、現実のビジネスを行っていくための長年の経験が詰まっているはず。それを使わない手はない。

既存商品のカタログをベースに、あたかもすでにWOW!と言われた新商品があ

るという想定で、カタログを創っていく。こうすることで、実際にお客様に価値を売ることを前提にしたカタログが出来る。[19]

現在のビジネスで使っているカタログをひな型として、WOW！のコンセプトが盛り込まれることになるので、より現実味があるものが出来上がる。今は既存商品のカタログのデータを使って、その場でパソコンを使って〈WOW！カタログ〉を創ることも可能だ。[20]

「一枚の絵は、千の言葉に勝る」と言われるように、視覚化すると商品のイメージがより鮮明に湧いてくる。カタログにすることによって、お客様にどういう価値を売り込むかも明確に伝えるように考えることになる。

19. スゴイ先端技術が出来たのに、営業から「これどうやって売るの？」と言われたことはないだろうか？これは、価値が明確でなく、お客様に価値をうまく伝えられない証とも言える。価値が伝えられなければ、どんなにスゴイ先端技術だって売れるはずがない。白状すると「これどうやって売るの？」と言われたのは筆者の苦い経験談。同じ経験を持っているあなたは私のお友達です。

20. 実際には社内のカタログを作っている部署のメンバーにも入ってもらうのがよい手だ。彼らはデザインにも長けているので、その場で素晴らしい商品コンセプトを描いて周囲をWOW！と言わせることも多い。

〈WOW!カタログ〉で周囲の評価が変わる

一般に使われている社内向けの商品企画書だと、経営幹部の方々から「コストはどのくらいかかるのか？」「市場規模は？」「競合他社はどうなのか？」「投資対効果は？」「いったい誰が買うんだ？」などの「ありがたいご指導」をいただくことが多い。[21]

ところが〈WOW!カタログ〉を見せると、同じ経営幹部の口から、「えっ！　本当にできるのか？」「いつできるんだ？」「何か助けられることはあるか？」「こうしたらどうか？」などと積極的な応援をもらえることが多くなる。なぜならば、**たとえ「ありがたいご指導」をすることしか知らない経営幹部だって、実は世の中にWOW！と言われるような商品を出したいと心から願っている**はずなのだ。[22]

経営会議で誰からも賛同されずに否決された企画でも、このプロ

確認トリ

組織の高いところに生息する。高いところが好きだが、そこから落ちるのを極端に恐れるあまり、たくさんの確認を繰り返す習性があることがよく知られている。時に「リスクを恐れるな!チャレンジしろ!」などと叫ぶこともあるが、この矛盾した行動がなぜなのかは世界中の関心事となっている。

セスを通すだけでゴミ箱から出て、エッジの尖ったものに生まれ変わり、周囲の賛同が得られるようになることも多い。実際、ゴミ箱に捨てられていた発想からヒット商品が生まれた事例[23]は決して少なくない。

21. イノベーションは滅多に起きないものだから、みんな経験は限られている。いかに優れた経営幹部でも、イノベーションをマネジメントした経験などほとんどないはず。それなのにイノベーションを起こし続けなければ生き残れない環境になり、本音では経営幹部も困り果てているのではないだろうか。実際には「ありがたいご指導」しか術がないのが現実かもしれない。その意味では、経営幹部も被害者と言える。そういう経営幹部の方々には、プロセスでイノベーションを創るE4Vは「悩みトリ」とも言え、幸せを運ぶ青い鳥になるかもしれない。

22. イノベーションを最重要課題として経営方針に入れてみたり、イノベーションの部署を作ったり、イノベーションセンターというハコモノを作ったり、イノベーションの文言を会社のブランドメッセージに入れてみたり、イノベーターと言われる人を外部から連れてきたり、外部と連携してイノベーションを進めてみたりすることが多い会社ならば、経営幹部の方々は、世の中からWOW！と言われるような商品が喉から手が出るほど欲しいのかもしれない。

23. 事例は、産業界のみならず、行政改革、地域活性化、病院経営、教育、スポーツ、メンタルヘルスなどさまざまな領域に広がっている。詳細は「TOCクラブ」のウェブサイトをご覧いただきたい。

ゴミ箱からWOW!

商品で語る中期経営計画
――〈WOW!ロードマップ〉

10年後の〈WOW!カタログ〉を創る

ここで〈WOW!カタログ〉を創るときのうまい方法がある。実現性の云々は一旦忘れて、10年先の振り切った未来のカタログを創ることだ。**10年後にどういう商品を出したいのかを考えることにより、現在の既成概念から解き放たれて考えることができる。**目先の仕事に明け暮れる日々から、一度目先を10年後の未来に移して考えるのだ。

10年後にどうありたいかを議論していると、「そんなことは無理です」と言っていた同じ開発者の口から「やりたい!」という言葉が飛び出して周囲を驚かせることがある。

本来、開発者の仕事は、世の中になかった新しいものを開発することのはず。ただ、日々のプレッシャーにさらされると、失敗が少ないものを開発することに陥りがちだ。[24] でも、10年後にどのような商品を出したいかを考え始めると、本来の開発者の魂がオモテに出てくるようで、既成概念から解き放たれて自由に発想できるようになるようだ。

誰しも開発者を目指したころには「あれは私が創った！」と誇れるような商品を創りたいという志を持っていたはずなのだ。「10年後を考える[25]」という言葉は、開発者の志を取り戻す魔法の言葉かもしれない。

24：特に目標管理制度などで短期的に目標設定がされている場合、この傾向は顕著である。
25：ちなみにゴールドラット博士は、自分が取り組まなかったら今後200年、300年、未解決になってしまう問題を解決することだけ考えた。そのもっとも大きな課題が、自然科学と同じレベルの再現性のある科学的理論を社会科学でも確立するというものだった。これについては、巻末の論文を参考にしてもらいたい。

バックキャストでＷＯＷ！を積み重ねる

10年後の〈ＷＯＷ！カタログ〉が出来たら、次はバックキャストで現在から未来につながる〈ＷＯＷ！カタログ〉を創っていく。

バックキャストとは、未来のある時点に目標を設定し、そこから振り返って現在やるべきことを考えていく方法。つまり、10年後の〈ＷＯＷ！カタログ〉に向かって、今からどういうＷＯＷ！を起こしていくのか、それを時系列でカタログに落とし込んでいくのだ。すると、商品リリースごとにＷＯＷ！という新しい価値をもたらす〈ＷＯＷ！ロードマップ〉が出来上がることになる。[26]

その際におススメなのは、10年後の会社の決算書

バックキャストでWOW!を積み重ねる

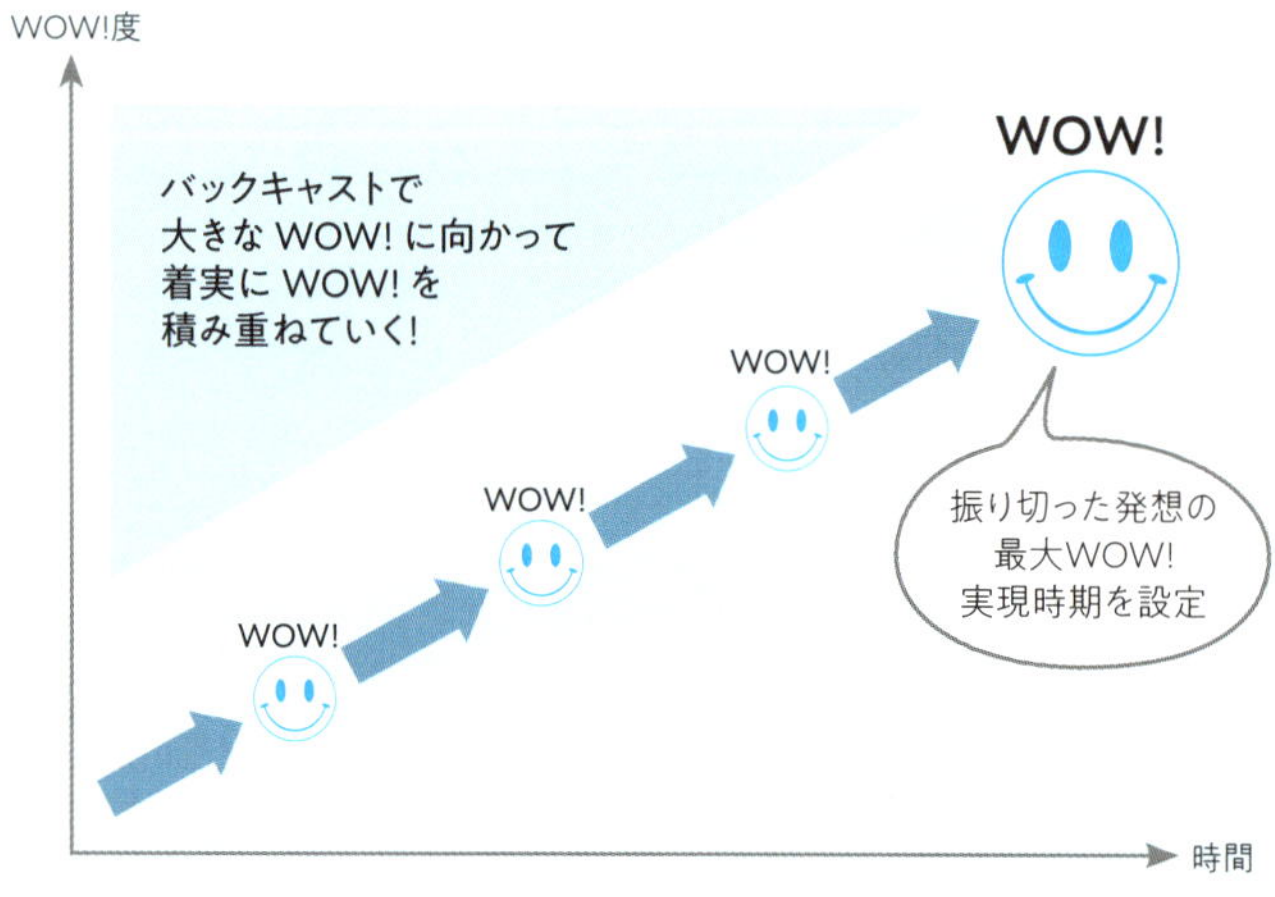

も創ることだ。すると、そのころにどういう会社になっているか、財務的にも見通せるようになる。「ロマンとソロバン」[27]という言葉があるが、10年後のロマンにソロバンがつけば、みんなの志も一つになる。結果的に出来上がるのは、**〈商品で語る中期経営計画〉**である。数字だけの中期計画は味気ないが、〈商品で語る中期計画〉はワクワクするものだ。[28]

〈WOW!ロードマップ〉を創ることには、もう一つ大きなメリットがある。それは、開発の焦点が明確になり、イノベーションが加速できることだ。

なんとか大ヒットにつなげようと、新しい商品にはWOW!と言われそうな要素

26. 〈3つの目〉で議論した〈WOW!カタログ〉を、我々は通常1日で創る。時間をかければ画期的なイノベーションができるわけではなく、質の高い議論が画期的なイノベーションにつながるのだ。質の高い議論には、質の高い議論ができる優秀な人材が必要となる。そういう方々を数日間連続して確保するのは難しいが、週末1日だけなら集めることができる。たった1日で何ができるのかと思われるかもしれないが、たった1日だからこそ質の高い議論ができるのだ。

27. 「ロマンとソロバン」はマツダの言葉である。詳細は日経ビジネス「金井会長が語る　マツダ変革への挑戦」2018年2月19日号から全6回の連載記事を参考にしてほしい。

28. どのくらいワクワクするかというと、「10年先まで待ってられない、もっと早く実現したい」とみんなが思えるほどワクワクする。みんなの思いが一緒になり、また、やりたいことが明確で周囲からの支援も得やすくなるので、結果的に早く実現することにもつながる。

をあれもこれも盛り込もうとしがちだ。しかし、あれもこれも同時にやると、結果的に全部遅れてしまうことになる。

しかし、〈WOW!ロードマップ〉を創ることで、それぞれの新商品が何をもってWOW!と言わせるのかが明確になり、開発の焦点も明確になり、ぶれなくなる。しかも、一つの新商品にWOW!が一つなら、お客様にもメッセージが伝わりやすい。つまり**「企画は一括」、しかしWOW!は一つずつやることが、結果的にイノベーションを加速することにつながる**のだ。

振り切った未来を描き、バックキャストで実現したマツダ

これは決して絵に描いた餅ではない。4期連続の赤字という苦境の中で[29]、マツダで現実に行われたことである。

マツダでは資金不足、開発者不足に悩まされる中で、関係者がみんなで集まって10年後のあるべき姿を構想し、そこに向けてロードマップを描いた。このロードマップは、同社の新世代技術SKYACTIV（エンジン、トランスミッション、ボ

ディ、シャシー技術の総称）をこれから発売する新製品に段階的に導入していき、早期にフル適用を実現するというものであった。

最初の製品はエンジンだけを変えて、次の製品はエンジンとトランスミッションを変えて、という具合だ。それが可能だったのは、これらの新製品を「一括企画」として開発していったからだ。つまり、**車種ごとに構想・開発を繰り返していく従来の方法ではなく、のちに製品化する車種のことまで視野に入れて、一括で構想・開発を進めていった**のである。

29 経営が厳しかったから大胆な変革ができたと世間一般には言われるが、そんなことは決してないと間近で見てきた者として断言したい。「俺たちはこんなもんじゃない！」と振り切った未来を描いたことがエンジニアの心に火をつけたのだ。こんな苦境の中でも世の中にイノベーションを起こそうと立ち上がりワクワクしているエンジニアのことを、マツダでは「ヘンジニア」とも言うそうである。

10年後どうありたいかを描き、バックキャストで実現したマツダの一括企画

その成果はどうだったか？　環境性能と走りの両立を実現したＳＫＹＡＣＴＩＶは、世の中の常識を覆し、きわめて高い評価を獲得した。第1弾の「デミオ」が日本カー・オブ・ザ・イヤー実行委員会特別賞を受賞したのを皮切りに、ＷＯＷ！と言われるクルマを次々にリリースしていったのだ。これほど短期間に全商品ラインアップを変えた自動車メーカーは世界にもいまだかつてないと言われている。

振り切った未来を描き、バックキャストで実現する一括企画が経営数字に与えた影響は多く知られるところだが、成果はそれだけではない。世の中の既成概念に挑戦しイノベーションを起こしていく人財と文化が育成されたこと、それが何よりも未来につながる財産になっているのではないだろうか。

マツダの飛躍的な業績回復

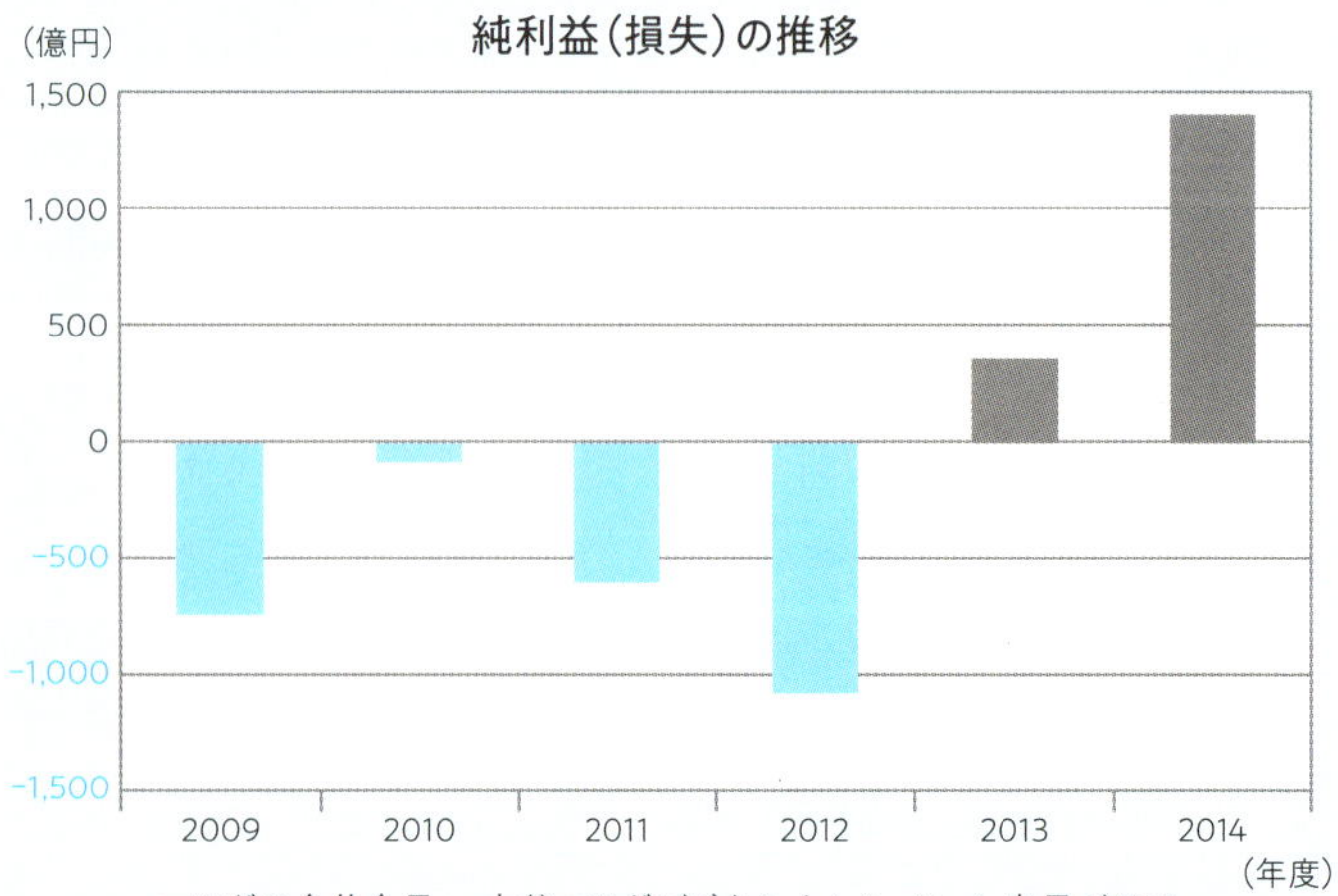

マツダの金井会長、木谷マツダデジタルイノベーション室長がTOC国際大会で発表した飛躍的な業績回復

会社の将来を担う組織横断の〈WOW!チーム〉が出来る

このプロセスの中で出来るのは、〈WOW!カタログ〉だけではない。〈WOW!ロードマップ〉だけでもない。何よりもの成果は、未来に向けて志を一つにした〈WOW!チーム〉だ。[30] この議論の中で、会社の将来を担っていく一体となったチームが出来ることが大きな成果と言える。その〈WOW!チーム〉がWOW!を市場に連発させていくのだ。

このためにも参加メンバーがキモとなる。

一般にイノベーションは、研究開発とか企画とかイノベーション部門など、特別な部門に所属する特別な人材がやることになっている。だが、それが必ずしもうまくいかないのは、その価値を伝えるべき人は、特別な人材ではなく、普通の人だか

30 会社の志を一つにしようと「Oneなんとか（ここには会社名が入る）」というスローガンを掲げている会社が多いが、スローガンを創るだけでそれが実現できるならば、こんなに楽な話はない。スローガンを掲げるということは、それができていない証とも言える。できていれば、そんなスローガンを創る必要はないからだ。

らである。普通の人でもわかる価値がないと、世の中に広くイノベーションを起こすことは期待できないのだ。

ここで**うまい方法は、会社のさまざまな部門のメンバーに参加してもらうこと。**できれば全部門から参加してもらうといい。さまざまな視点から新鮮な意見が出てくるはず。研究開発とか企画の部門に所属していなくても、いい商品は創りたいのだ。

さらに大きなメリットがある。**全部門からメンバーが参加して、会社の将来を担うイノベーションを行うことは、すなわち会社の将来を支える人財を育てることに他ならない**[31]。そして、こういう活動をすると、組織の壁がなくなり[32]、将来に向かって一つのチームが出来るという話をよく聞く。ぜひ試してほしい。

引き継ぐべきは過去ではない、未来への志である

10年後を議論すると、現在の経営陣が10年後もそのままであるとは限らないということに気づく。しかし、〈WOW！ロードマップ〉があれば、未来への志が引き

継がれることになる。一般に引き継ぎというと過去の仕事を引き継ぐことが多い[33]が、引き継ぐべきは過去ではなく、未来への志ではないだろうか。

中には、〈WOW!ロードマップ〉を引き継ぐときに、現在の経営幹部を超えるような志を次世代の経営幹部が創って引き継ぎを行う組織もある。その場合は、先輩を超えることが引き継ぎの約束となる。ロマンを感じる引き継ぎ方法なのでお試しいただきたい。

31. この本で紹介するプロセスを使って、全役員が参加して10年後の会社のカタログを創っているところもある。しかも、10年後の財務諸表と株主総会の発表用資料も作成する。このプロセスで出来上がるのは、将来に向かってのビジョンの共有と、一つのチームになった役員メンバーである。

32. 「組織の壁」って見たことあるだろうか? 誰も見たことがないのに、誰もが聞いたことのある言葉。まるで「ツチノコ」みたいだ。「組織の壁」と「ツチノコ」は同じレベルの話なのか。

33. 時には「昔はこういうふうにやったもんだ」と、居酒屋で昔話をしながら「ありがたいご指導」が行われることもある。これは一説によると「ありがたいご指導」ではなく、昔話ばかりしている「うざいオヤジ」と言うのだそうである。反省することしきりのワタクシである。

E4Vのプロセスで創った
ゴールドラットの「10年後のカタログ」

E4Vのプロセスは、もちろん我々ゴールドラットも実践している。次ページの写真は、みんなで集まってわずか半日で出来上がった〈WOW!カタログ〉。「顧客の目」でマイナス・マイナスを議論し、「市場の目」でプラス・プラスを議論し、「商品の目」で↑↓の議論を行ったが、実に楽しいワークショップとなった。10年後だから、みんな振り切って、「こんな会社があったらスゴイよね！」なんて盛り上がっているうちにカタログが出来上がった。

大きな気づきは、我々ゴールドラットは、単にコンサルティングをしているのではないということ。我々のコアのエンジンはブレークスルーの解決策で、今までの延長線上にない飛躍的な成果をもたらすこと。つまり、我々の生み出す新しい解決策の「知識」が最大の武器だったと気づいたのだ。

ならば会社の名前もコンサルティングではないはずということで、「ゴールドラットコンサルティング」から「ゴールドラット」という会社名に変えるべきじゃないかとみんな気がついたのだ。「ゴールドラット」という名前は、エリヤフ・ゴールドラット博士の名前から来ているが、実は「金の知恵」という意味でもある。

世の中の未解決の問題にチャレンジし、次々とブレークスルーをもたらす「金の知恵」を創るのが我々の会社。だから「ゴールドラット」こそふさわしい会社名だということになった。このカタログには、以下のものが描かれている。

● 世の中にブレークスルーをもたらした目覚ま

10年後のWOW!会社カタログ

半日のワークショップで作成されたゴールドラットの10年後のWOW!会社カタログ。このカタログにあるアイデアを早速実行しようと、イノベーションを引き起こす拠点としてイノベーションラボのWOW!カタログも作成した。カタログを見せるたびに応援者が増えて実現が加速していくのには驚かされる。

しい事例の数々

- さまざまな産業分野、行政におけるソリューションの数々
- イノベーターを育てることでイノベーションを起こした世界の拠点の数々と、それが経済に与えた大きなインパクト
- ゴールドラットの事業紹介
- 世界を代表するリーダーからの感謝の声

カタログの最後のページには次のように書かれている。

Breakthrough Thinking in Action

現在の延長線上にない目覚ましい成果は、
既成概念を打破した考え方なしには生まれないと
我々は考えています。
既成概念を打破するには、
現在の常識から新しい常識へのパラダイムシフトが必要です。
このパラダイムシフトを実現し、成果をもたらす

ゴールドラットのワークショップの風景

ブレークスルーの知識を開発し、実践するのがゴールドラットの使命だと考えています。

出来上がって、みんなワクワクしたのは言うまでもない。[34] 10年後のカタログなのに、みんなやりたくって仕方なくなる。カタログを持ち歩くようになる。見せるとみんなが協力してくれる。[35]

気がつくと10年後の未来と思っていたことが、わずか数か月で次々と起こってしまうことに驚いている。夢のようだと思っていたことが、〈ＷＯＷ！カタログ〉に

34 そのとき飲んだ絶品イスラエルワインのうまさは今でも忘れられない。カタログが出来た後も絶品ワインを片手に議論が盛り上がる。すると、さらに振り切ったアイデアが出てくる。これは、絶品ワインで脳みその血流が良くなった効果ではないかと考え、「絶品イスラエルワイン・ドーピング」と名づけて実践するようになった。「決して絶品ワインを早く飲みたいからではないからね」と言うたびに、周囲から白い目で見られるのを気にしないワタクシである。ちなみにゴールドラットのグローバルでもっとも頻繁に活用されているセリフは「Life is too short to drink cheap wine.（人生は、安いワインを飲むには短すぎる）」というセリフである。

35 ウチでもやりたいというお話もたくさんいただき、日本を代表する企業の役員が全員集まって10年後の〈WOW！会社カタログ〉を作成するワークショップを開くことも珍しくなくなった。産業界のみならず地域経済再生、文化事業、行政組織の未来など、さまざまな分野の10年後のカタログ作成を現在では行っている。

入れておくと次々と現実になってしまうのだ。会社の10年後を描く〈WOW！カタログ〉は、まさに夢を叶える加速装置なのかもしれないと実感している。

STEP2

価値を伝える

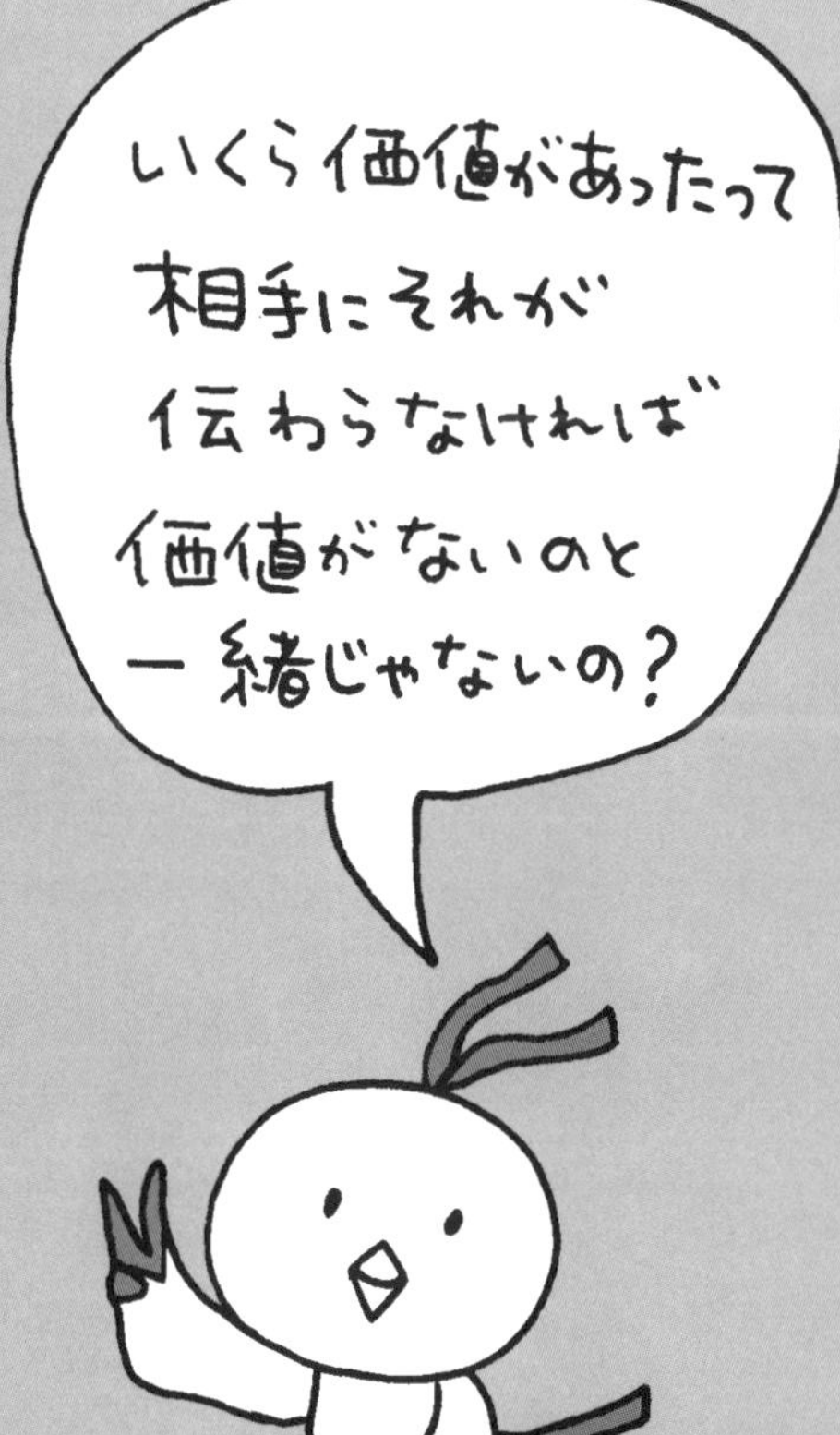
いくら価値があったって
相手にそれが
伝わらなければ
価値がないのと
一緒じゃないの？

「価値を創る」と「価値を伝える」は別問題

どんなに価値ある商品でも、お客様にその価値が伝わらなければ、世の中にイノベーションを起こすことはできない。「価値を創る」のと「価値を伝える」のは別問題なのだ。ましてや、その商品が世の中にないイノベーティブなものであればあるほど、お客様が一目見ただけでは価値がわかるはずがない。[36] 価値を伝えるためにはお客様の立場になって商品を検証し、さらに磨き上げていく必要がある。

お客様の立場で商品を検証する〈変化の4象限〉

前章のＳＴＥＰ１で〈ＷＯＷ！カタログ〉が出来上がると、本当にワクワクし、すぐにでも開発をスタートしたくなるもの。しかし、その前に確認すべきことがある。それは「**お客様が本当に買ってくれるだろうか？**」ということである。これをお客様の立場から考える便利な道具がある。それが〈変化の4象限〉という道具だ。

買うという行為は、お客様の行動に変化を起こすということ。その行動には「買う」と「買わない」の2つしかなく、その行動によってもたらされる結果にも「プラス」と「マイナス」の2つしかない。

つまり、**お客様の変化を検証するには、下の4つの象限（領域）だけチェックすればいい**。これが〈変化の4象限〉のロジックである。

36 世の中には「これって何に使うの？」という商品があふれている。テレビのクイズ番組で頻繁に出題されるほどだ。開発している本人からしたら「価値ある商品」を創っているつもりでも、ほとんどの人にはその価値がわからないことが多い。カタログを見ても、あれもできます！これもできます！と書いてあるけど、それでどんな価値が我々にもたらされるのか描かれているものが少ないのには驚く。価値ある商品を創ったからには、それが価値あるものだと思ってもらうために何を伝えるかがさらに重要なのだ。

変化の4象限とは？

お客様の行動には「買う」か「買わない」かの2つがあり、その行動の結果として得られるものには「プラス」と「マイナス」の2つがある。これらの変化をマトリックスで精査してみる。

	＋	−
買う		
買わない		

よって、〈WOW!カタログ〉を見たお客様の行動の変化を検証するには、それぞれの象限に対応した4つの質問を問いかけるのが効果的だ。

❶買うことによって得られるプラスは何ですか?
❷買うことによって生じるマイナスは何ですか?
❸買わないことによって得られるプラスは何ですか?
❹買わないことによって生じるマイナスは何ですか?

それぞれについて説明していこう。

①買うことによって得られるプラスは何ですか?

まずは、買うことによって得られるプラスを考えてみる。〈WOW!カタログ〉を見ながら、お客様の立場に立って、どんなプラスがもたらされるかを考えるのだ。

このプラスが、相手に伝えるべき価値である。

あらためてお客様の立場になって考えてみると、これまで見えなかったさまざまなメリットが見つかることも少なくない。それらのメリットを〈WOW!カタログ〉に盛り込み、内容を修正していく。

② 買うことによって生じるマイナスは何ですか?

次に、買うことによって生じるマイナスを考えていく。〈WOW!カタログ〉を見ながら、お客様の立場になって、どんなマイナスがもたらされるのかを考えるのだ。[37] このプロセスはきわめて重要。たとえプラスが大きくても、その分マイナスも大きければ、どんなに優れた商品だってお客様は買ってくれるはずがないのだ。

考えてみれば、〈WOW!カタログ〉を創っただけで、まだ商品は存在していない。だから、**この時点でマイナスを消しておくことは重要である**。商品ができてからマイナスを解消するのは大変だが、あらかじめマイナスが発生しないように最初から

37 人はマイナスを考えることは得意だと言われている。なぜならば、人はもともとトラとかヒョウのような猛獣よりも弱い生き物。だから生き残るために、まだ起きていないことを心配して自分を守るという防御本能が発達し、進化してきたと言われているのだ。この強力な本能を使わない手はない。

コンセプトを詰めてしまえば、開発の仕様変更も減るし、マイナスを消した分だけプラスが増えることになる。

そのような視点でお客様の立場になってマイナスをリストアップし、それを解消する方法を考えてみる。中には、マイナスを消すアイデアに特許性があるものがある。そうしたアイデアを実行できれば、競合の後追いを妨げる参入障壁にもなる。この質問で「プラスが大きく、マイナスがほとんどない」、そんな〈ＷＯＷ！カタログ〉に磨き上げるのだ。

③ 買わないことによって得られるプラスは何ですか？

買わないことにだってプラスがあるはず。特に現状に満足していて、変えることを好まない人は少なくない。買わないことによるプラスを挙げて、そのプラスが買うことで損なわれない、または、買うことでより大きくなるようにできないかを議論していく。それを〈ＷＯＷ！カタログ〉に反映し、さらに磨き上げていく。

④ 買わないことによって生じるマイナスは何ですか？

さらには、買わないことによって生じるマイナスがないかも検討していく。現状のままだとこんなマイナスがあり、買わなきゃ損だと思えることはないか考えていくのだ。

現状で何らかのマイナスがあるとしたら、それをハイライトする。現在起きているマイナスだけでなく、このままだと将来こうなるというマイナスも相手に代わって考える。それらのマイナスに気づいてもらえるように、〈ＷＯＷ！カタログ〉を磨き上げていく。

現状のマイナスに対して人は敏感である。なぜならば、一度や二度はそういう経験をしている可能性があるからだ。もしも、そういう経験があれば、〈ＷＯＷ！カタログ〉に盛り込むことで、買うことのメリットがより際立つようになる。

先ほどのクルマの例で考えてみよう。買うことのプラスは、一般のエコカーよりも値段が安いこと。そして、走りがいいことだろう。それ以外にも、世の中の常識とは違う判断をする先進的な人として見られるというメリットもあるかもしれない。

買うことのマイナスは、エコカーの対象車ではないので、エコカー減税が受けられないことかもしれない。でも、そのマイナスを跳ね返すくらい実走行の燃費がよければ、クルマの特徴が際立ち、ウリになるかもしれない。

買わないことのプラスは、余計なお金を使わなくてすむことかもしれない。でも、実際に走ってみて、驚くほど燃費がよくてガソリン代が安上がりになれば、もっとお金を節約できるかもしれない。さらに、クルマは年式が進むと下取り価格が安くなるが、実燃費がよいクルマのほうが下取りもそれほど下がらず、結果的にお得になるかもしれない。

買わないことのマイナスは、今乗っているエコカーの走りが悪いことかもしれない。エコカーの中には、燃費性能と引き換えに走行性能が落ちているものもある。それを燃費がよくって走りもよいクルマに替えたら、マイナスが解消されるのではないか。一般にエコカーにはバッテリーがどっさり載っている。バッテリーが古くなって交換しようとすると高くつくとすれば、こっちの方がよいのではないだろうか。

こんな議論をしていくことで、〈WOW!カタログ〉はさらに磨かれていく。お気づきだと思うが、買うことのマイナスをあらかじめ考えておくことで、その対策も考えることができる。**マイナスへの対策が商品の魅力をさらに高めてWOW!をもたらすことがわかれば、開発者もあれもこれも手を出すことなく、WOW!をもたらす価値に集中して開発にあたることができる。**

STEP1で創った〈WOW!カタログ〉を再度、お客様の視点で磨き上げていくと、あたかも新商品をすでに開発し終えたような気持ちになってくる。それはお客様にWOW!を与えるだけではなく、我々にもワクワク感をもたらしてくれるのだ。

〈変化の4象限〉で既存商品のWOW！を創る

すでにある商品の価値を検証する

〈変化の4象限〉が重要なのは、新しい商品に限ったものではない。既存商品のカタログを見ながらこの4つの質問を問いかけると、購入するお客様の立場になって考えることができる。

中には、よい商品で一部のお客様には熱狂的に支持されているのに、今一つビジネスが大きく展開できていないというケースもあるかもしれない。そういう場合、機能の説明だけが前面に出て、その機能がお客様にどんな価値をもたらすのか伝わっていないことも少なくない。そこに〈変化の4象限〉の質問をすることで、どんな価

既存の商品にも光るモノがある

値があるのかをあらためて考えていくのだ。

一部のお客様に熱狂的に支持されているわけだから、価値がないはずがない。それを一般のお客様にもＷＯＷ！と感じてもらうためには何をどう伝えればいいのか。それをみんなで考え、カタログを改定するだけで、既存商品の〈ＷＯＷ！カタログ〉を創ることも可能なのだ。

コストや時間をかけなくても大丈夫

このプロセスを通すことで、今一つさえなかった商品がＷＯＷ！と言われる商品に生まれ変わり、事業の柱になった事例も少なくない。[38] 既存の商品だから、開発するコストや時間をかけるのは難しいかもしれない。でも、この方法なら売上貢献に即効性があるので、ぜひお試しいただきたい。

38：開発者だって、何か価値をもたらそうとしているのだ。でも、どうしてもいい商品を開発しようと集中するあまり、つい、お客様の視点で価値を伝えることを忘れがちになる。開発者とマーケティング、営業が一緒にこのプロセスを行うことで、本当の意味で相手に価値が伝わる「価値ある商品」に変わっていく。

もっと言えば、**この〈変化の4象限〉は、カタログに限ったものではなく、相手を説得するときにも使える便利な道具となる。**どうすればこの提案を受け入れてくれるのか、相手の立場になって〈変化の4象限〉で議論し、提案内容を磨き上げることも可能である。

〈変化の4象限〉ワークシート

	プラス	マイナス
買う		
買わない		

よい商品だから売れるとは限らない——〈市場の教育〉

「素晴らしい価値があっても、それだけでは売れない。市場の教育をしなければならないのだ」

ゴールドラット博士の言葉である。今まで世の中になかったものがイノベーション。つまり、**商品がイノベーティブであればあるほど、その価値が正しく伝わるように〈市場の教育〉をすることがきわめて重要になる**。

ビジネスは自社だけで行えるわけではない。お客様はもちろん、販売店やサプライヤーも巻き込んで、いかに強固なビジネスモデルを創っていくかを検討する必要がある。そのために創られたのが、〈市場の教育〉を考える6つの質問だ。

❶ 何と価値を比べるのか?
❷ 何と価格を比べるのか?
❸ お客様がもっとも購入したいと思う場面は?
❹ もっとも適した流通チャネルは?
❺ 参入障壁をどうやって創るか?
❻ 誰と組めばビジネスモデルを強固にできるか?

これら6つの質問は、個々バラバラに存在しているのではなく、お互いに関わり合っている。だからこそ、一つひとつの質問を丁寧に考え、あらゆるステークホルダーを巻き込んで〈市場の教育〉を行っていくことが大事である。それぞれの質問について解説していこう。

① 何と価値を比べるのか?

人には価値メーターのような機能は備わっていないが、他と比較することはできる。AよりはBのほうがよいという比較はできるのだ。相手が何と比較するのか考える前に、我々が相手に代わって比較対象を決めてしまうことで、「価値の比較基準」となり、価値をより正しく伝えることもできる。

②　何と価格を比べるのか？

価格は何と比べるのだろうか？　「価格の比較基準」を決めることも重要だ。競合の商品と比較するのは月並みだ。イノベーティブな商品であれば、比較対象もWOW！というものでなければならない。

手前味噌で恐縮だが、ここでゴールドラットグループの事例を一つ紹介させてもらいたい。

我々はゴールドラットスクールという教育事業を展開している。これは、ある大手企業の幹部から「欧米のトップビジネススクールに派遣してMBAを取得させても、頭でっかちになるばかりで、役に立つ人材が育った試しがない。もっと効果のあるプログラムはできないか？」という相談を受けたのがきっかけとなった。

我々の仕事は、苦境に追い込まれた事業で飛躍の道を切り拓くことである。『ザ・

ゴール』を読んだ方々から依頼が来るので、クライアントの期待は当然大きい。そうした期待に高いレベルで応えられるように、グループ内部には博士自身が創り上げたエキスパート育成プログラムがある。[39]その育成プログラムを受講し、実践で成果を示すことで博士から国際認定を受け、晴れてゴールドラットのエキスパートとして認められる。

プログラムは約6か月。毎月2～3日のトレーニングを受け、現場で1か月ほど実践し、翌月成果を報告する。理論と実践によるプログラムで、毎月目覚ましい成果を出さないと認定資格はもらえない。一見厳しいようだが、内容は実に楽しい。なぜならば、理論を学んで実験して考察する、小学校の理科の実験のようなノリで学ぶことができるからだ。[40]

この育成プログラムを前述の幹部に紹介したところ、ぜひ一般公開してほしいと要望されて、スクールを日本でオープンした。プログラム検討にあたって、もちろん「価値の比較基準」「価格の比較基準」をこのプロセスで行っている。「価値の比較基準」は将来の経営幹部育成とし、「価格の比較基準」については「派遣社員を

1か月雇うのと変わらない費用」とした。

③ お客様がもっとも購入したいと思う場面は？

購入の意思決定をするのは誰だろうか。その決定に影響を及ぼすのは誰だろうか。意思決定をするのにもっともありえそうな場面を考えていく。そうすれば、おのずと、どんなメッセージを伝えていけばいいかが見えてくる。

先ほどのゴールドラットスクールの場合、研修ならば人材育成部門が相手と思いがちだが、今までそういったケースはない。会社の将来を担う経営幹部を育成したいのは、誰よりも経営幹部のはず。だから、経営幹部に直接響くメッセージを以下のように考えた。

『6か月間で会社の将来を担う経営幹部3人を実務で成果を出しながら育成する、

39 ちなみに私もこのエキスパート育成プログラムを受講した一人である。当時はわざわざイスラエルまで行って受ける必要があったが、その価値が十分にあったのは言うまでもない。

40 しかも、志ある異業種の方々との出会いや、絶品イスラエルワインは忘れられない思い出である。だから日本でいつかスクールを開催するときも、絶品イスラエルワインだけは準備しようと心に誓ったのは、それを飲みたいヨコシマなワタクシである。

ゴールドラット博士が自ら開発した国際資格認定プログラムです。3人プログラムに参加しても、コストは派遣社員を1人雇うのと変わらない月25万円。比類なき投資対効果が実現できる画期的なコースです』

これならば、たとえ一般社員であっても、経営幹部のところに直接持って行って話ができるのではないかと考えた。実際にやってみると、募集の開始直後には満員になる人気コースとなったのは想像がつくと思う。[41]

④ もっとも適した流通チャネルは？

今まで議論した購入場面や商品特徴を考えると、既存のチャネルが必ずしも最適とは限らない。チャネルを作る時間とコストも考え、競合への参入障壁も考慮した上で、流通チャネルを検討していく。

ゴールドラットスクールの場合、我々が直接売り込むよりも、『ザ・ゴール』をはじめとする本の読者が顧客対象なのは間違いないので、出版社と一緒になってセミナーを開催し、コミュニティを創っていくことにした。[42]

⑤ 参入障壁をどうやって創るか？

いかにイノベーティブな商品でも、それが永遠に圧倒的な競争力を持つなんてことはありえない。でも、せっかく苦労して創り上げた商品でできるだけ長く稼ぐために、競合への参入障壁も検討しておきたい。競合は誰か、差を保つためにどのような障壁を創ればいいのか。商品、特許、流通チャネル、取引条件、ブランドの構築など、検討できる要素はたくさんある。

「参入障壁をどうやって創るか？」の問いは、稼ぐ期間を長くする、言い換えれば直接儲けにつながる質問なのである。〈ＷＯＷ！カタログ〉を見ながら、競合に「やられた！　そこまで考えた参入障壁があるのか！」と言わせるような障壁を考えていく。

41. このコースに本当にご興味のある方は「ゴールドラットスクール」でウェブ検索してほしい。満員で申し込めない場合が多いので、今後、随時拡大していく予定である。

42. そのコミュニティを創る核として設立したのが「ＴＯＣクラブ」である。このＴＯＣクラブでは、毎月各地でさまざまなテーマで無料セミナーを開催し、コミュニティを創り、メンバーを応援できるように活動している。ＴＯＣクラブの詳細について知りたい方は「ＴＯＣクラブ」でウェブ検索してほしい。

ゴールドラットスクールの場合、「ゴールドラット」という創業者の名前が使えること自体が参入障壁となっているが、それだけではない。スクールの生徒たちが次々と上げる目覚ましい成果[43]を世の中に広く伝えることで、ブランドがますます高まり、参入障壁は高くなっていくことになる。

⑥ 誰と組めばビジネスモデルを強固にできるか？

誰と組めば、新しい商品の市場への浸透を加速し、より多くの価値を届け、より厚い参入障壁を創る手助けをしてくれるのだろうか。重要な戦略パートナーは誰だろうか。カギとなるベンダーや流通チャネルはあるだろうか。顧客に直接接するのは誰だろうか。彼らとウィン・ウィンの関係を築くことは可能だろうか。これらを検討していく。

先述した通り、ゴールドラットスクールの生い立ちは、既存のビジネススクールに対する課題から発想したものであるが、一般にビジネスを学ぼうとすれば、やっぱり大学、できれば著名大学で学びたいという要望があるのは当然のことだ。もしも、世界のトップビジネススクールでさえ解決できない大きなマイナスを取り去っているのならば、大学にとっても大きなプラスになるはずである。ならば、世界のトップビジネススクールと協業すること[44]も可能ということになる。

これらの6つの質問をすることにより、さらに〈WOW!カタログ〉は磨かれていく。価値を見つける〈3つの目〉でWOW!という価値を創り、〈変化の4象限〉で買うことによるプラスを大きくし、**〈市場の教育〉を考える6つの質問で、ビジネスモデルまで網羅した〈WOW!カタログ〉が出来上がる。**

〈WOW!カタログ〉を作成する過程では、応援者も次々と出てくるだろう。**会社にあるDRのゲートは、もはや関所とはならず、応援者が増える加速ポイントとなっていく。**経営幹部から「ありがたいご指導」をいただくゲートではなく、イノベーションを成功させるために応援者を増やす加速ポイントとなっていくのだ。

43. 目覚ましい成果を出し、コミュニティにアナウンスすることは、クライアントにとってもメリットがある。なぜならば、コミュニティの中にはお客様になる方々も多く、ビジネスにつながることになるからだ。

44. まだ名前は明かせないが、世界の著名な大学とのコラボレーションを近日公開する予定なのでお楽しみに!

〈市場の教育〉を考える6つの質問ワークシート

❶何と価値を比べるのか？

❷何と価格を比べるのか？

❸お客様がもっとも購入したいと思う場面は？

❹もっとも適した流通チャネルは？

❺参入障壁をどうやって創るか？

❻誰と組めばビジネスモデルを強固にできるか？

カーナビ市場でブレークスルーを起こしたパナソニック

カーナビはクルマに欠かせないものになっている。１９９０年代から急速に普及したカーナビだが、普及とともに価格競争が激しくなり、およそ10年の間に市販価格は約半分にまで下がっている。

実際に家電量販店などでは「お買い得ナビが勢ぞろい」といった展示をしていることが多く、機能の違いよりも安さをアピールするような典型的なレッドオーシャンのコモディティービジネスになっている。しかも、スマートフォンのナビゲーション機能が充実してきたこともあり、「カーナビなどいらないのではないか」とささやかれる厳しい市場環境である。

この苦境の最中、パナソニックがＥ４Ｖに取り組み始めたのは２０１４年12月のこと。E4Vのプロセスを使い、9回ほどのワークショップでコンセプトを創り上げていった。ここで描いた将来構想は会社の機密事項に関わるのでお見せできないが、その将来構想を実現するための第1弾の製品が、2016年6月に発売された「ストラーダCN-F1D」である。この製品はまさに市場をWOW!と叫ばせるものとなった。

カーナビのもっとも大きなマイナスは何だろうか? ユーザーにとっては画面が小さくて見にくいことであろう。カーナビには2DINという規格があり、横幅180ミリ×高さ100ミリのスペースに納めるのが常識である。その常識を打ち破り、**2DINのスペースに取り付け可能ながら、画面だけ大型化するフローティングデザインのアイデアが生まれた**のだ。

パナソニックのプレゼンシート①

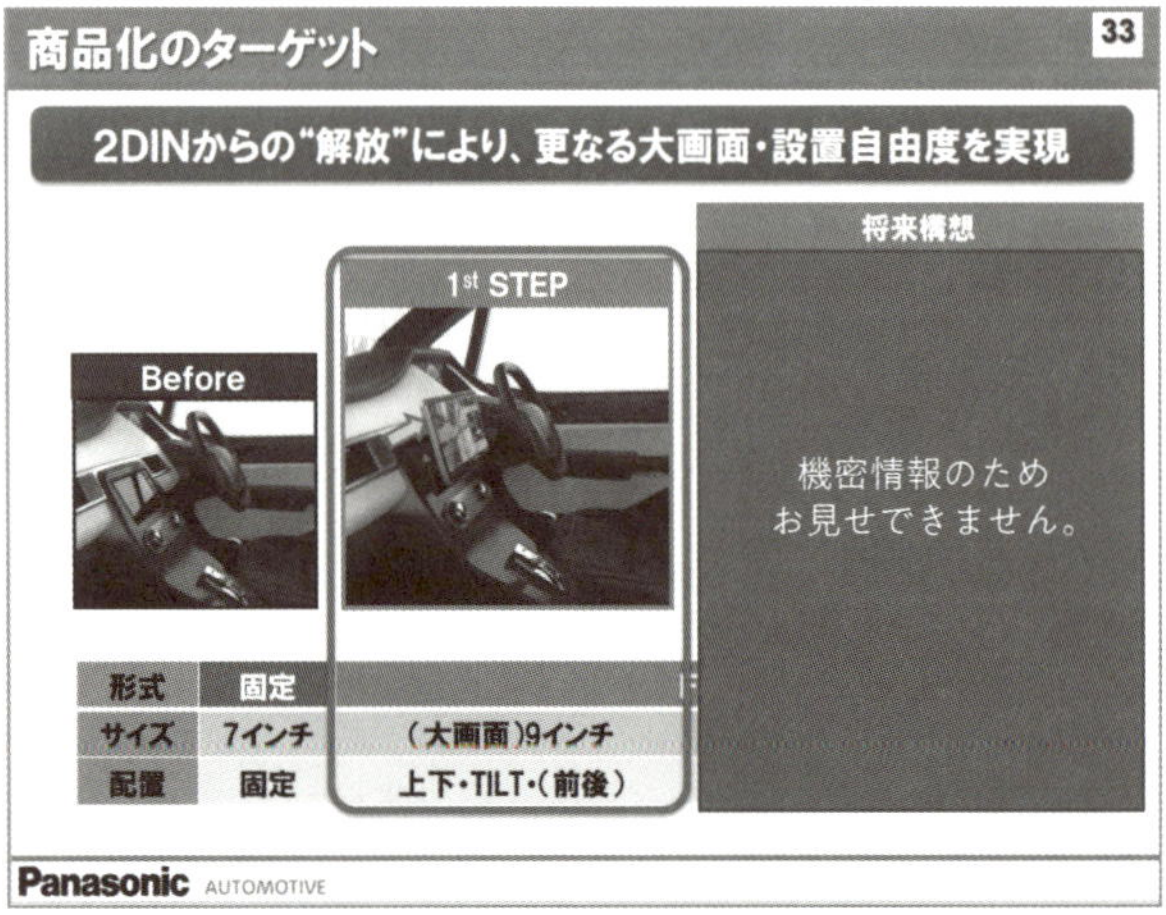

E4Vで創られた将来構想と第一ステップ(2017年のゴールドラットコンファレンスで発表された資料)

ワークショップのメンバーはさらに、もう一つ大きなマイナスの解消にチャレンジした。それは、量販店で起きていた機会損失の解消である。

2DINの規格に対応したカーナビでも、すべてのクルマに搭載できるわけではない。クルマはそれぞれデザインが違う。あらゆる車種に対応したアクセサリを準備するのは膨大なコストがかかるため、カーナビメーカーは対応する車種を売れ筋に絞らざるをえなかった。

そのため量販店を訪れたお客様の中には、最新のカーナビを購入したいのに自分の車種に対応するものがないという理由で、購入をあきらめる人も少なくなかった。これは量販店にとっては大きな機会損失となる。このマイナスを解消するために、すべてのクルマに対応できる商品コンセプトが生み出されたのだ。

「ストラーダCN－F1D」は、実に350以上もの車種に対応するという圧倒的な対応数を実現した。しかも、商品開発サイクルは従来の約18か月から12か月程度に短縮。これは〈ＷＯＷ！カタログ〉で商品コンセプトが明確になり、どこに開発を集中すべきか明確になったことが大きいとのこと。

〈市場の教育〉のために生み出されたキーワードは「みんなのクルマに大画面」。図は、従来のカタログと、〈ＷＯＷ！カタログ〉をもとに作られた新しいカタログの違いである。以前は商品機能をアピールしていたが、今回はお客様価値をアピールしている。「みんなのクルマに大画面」というメッセージは販売店の心をとらえ、従来のカーナビとは違うコンセプトを市場に浸透させる熱心なパートナーとなってくれた。

成果を公開された資料で示す。「ストラーダＣＮ－Ｆ１Ｄ」は「オートサウンドウェブグランプリ」

パナソニックのプレゼンシート②

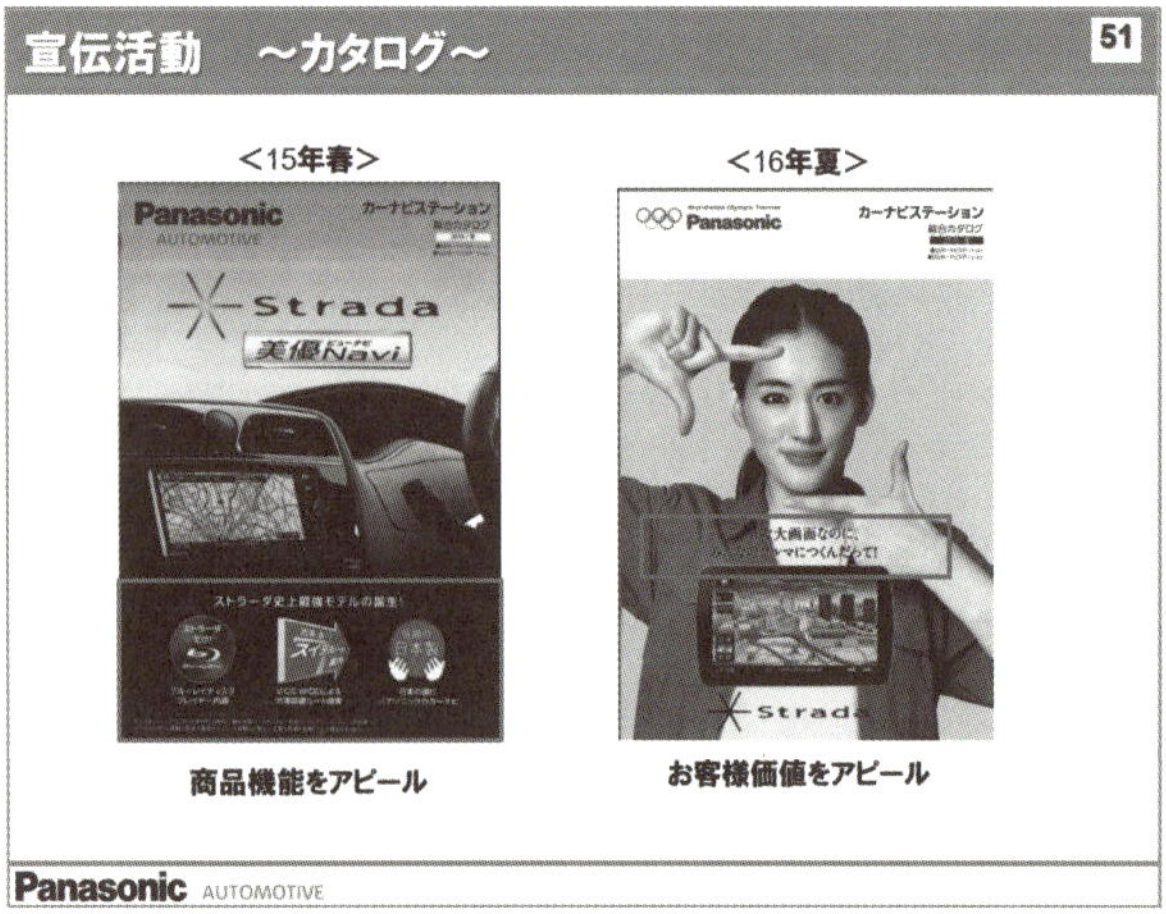

従来のカタログ（左）と新しいカタログ（右）の違い

「カーグッズ・オブ・ザ・イヤー」「日刊自動車新聞用品大賞2016」「グッドデザイン賞2016」といった社外の賞を相次ぎ受賞。しかも売上は前年の1・4倍に伸びた。これは新モデルの売上だけでなく、販売店との関係がより親密になり、既存モデルの売上を押し上げたことが大きいという。

パナソニックのカーナビ部門は、コモディティー化が進む厳しい市場環境の中でもブレークスルーが可能であることを現実に示したのだ。忘れないでほしい。これはあくまでも最初の一歩。〈WOW!ロードマップ〉から次々と繰り出される新商品が本当に楽しみである。

パナソニックのプレゼンシート③

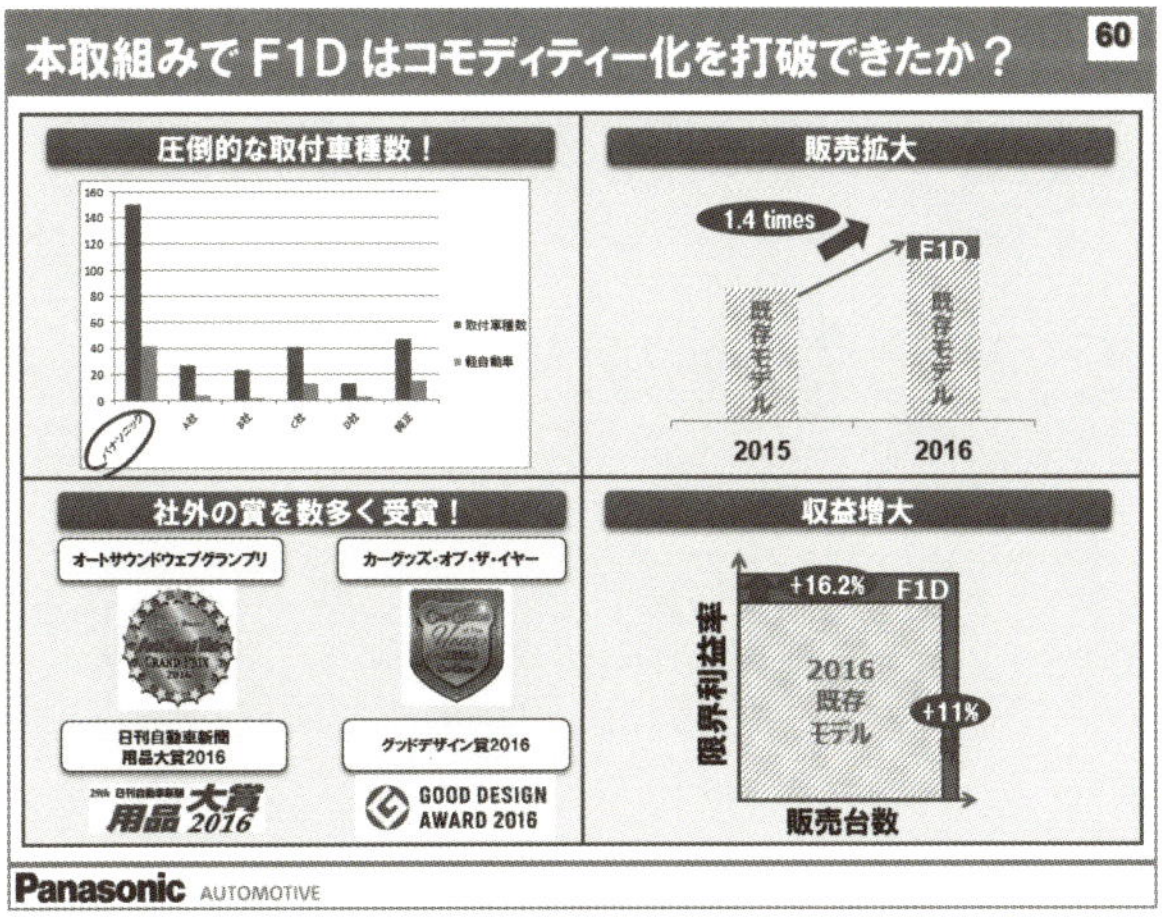

レッドオーシャンの中でもブレークスルーは可能であることを示した数々の成果

わずか1日半のワークショップで経営幹部を驚かせたトヨタの有志たち

「困難だからやるのだ。誰もやらないし、やれないから俺がやるのだ。そんな俺は阿呆かもしれないが、その阿呆がいなければ、世の中には新しいものは生まれないのだ」

これが誰の言葉かご存じだろうか。トヨタで自動車事業を始めた豊田喜一郎氏の言葉[45]である。今でこそ世界を代表する自動車メーカーとなったトヨタだが、当時は自動車の開発など無謀なチャレンジと、世間から厳しい批判を浴びていた。何しろ日本にまったく自動車技術がなかった時代のことである。そんな批判が世間から出てくるのは当然だが、それに臆することなく先の言葉通りに行動し、変革を起こしたイノベーターが豊田喜一郎氏だったのだ。

この精神に共感した有志たちが集まり、イノベーターとなってトヨタの新しい未来を創っていこうというプロジェクトが始まったのは2018年9月8日のこと。わずか1日半のワークショップで出来上がったのは、10年後の未来の会社カタログ、そして、イノベーティブな商品コンセプトの数々。その成果として創られた〈WOW!カタログ〉は実際にワークショップに参加したメンバーさえも驚かせた。


「振り切った発想でWOW!を見つけるのは楽しい」

「カタログにすると本当に実現できると思えるし、したくてしょうがなくなる。モチベーションも上がります」

「シンプルなので日常の業務でも使える。すぐに実行します」

「みんなで創ったんだから、みんなで実現したくなる」

「過去の成功体験から解き放たれて、常に進化できるようになる」

45：『豊田喜一郎　夜明けへの挑戦』木本正次著、人物文庫より引用。

トヨタの有志が集まって行われたワークショップの様子

「組織の壁などないことを実感した。組織を超えた一体感。これこそがつながり改革だ」

「プロセスさえあれば誰でもイノベーターになれると実感した」

これらのコメントは参加したメンバーの率直な感想だ。さらに、メンバー一同が驚いたのは、E４Vのプロセスがトヨタ生産方式の考えにしっくりくるものだということ。これは実は当然のことなのだ。

ゴールドラット博士がマイヒーローとして尊敬してやまなかったのが、世界の工場を変えたと言われる歴史的名著『トヨタ生産方式』（ダイヤモンド社）の著者・大野耐一氏であることは広く知られている。大野氏と博士は、実際に直接会ってトヨタ生産方式について議論している。そのとき大野氏は若きゴールドラット博士に対して、「学者らしく理論にできるか？　理論化できるなら大いにやりなさい」[46]と宿題を出した。それがきっかけになってゴールドラット博士が開発したのが、全体最適のマネジメント理論ＴＯＣ（Theory of Constraints: 制約理論）なのだ。

流れをよくすることが大事なのは生産現場だけではない。あらゆる仕事に流れがあるのは言うまでもない。流れを悪くする制約を特定し、継続的改善をしていくことが重要なのは、イノベーションにおいても同じなのである。

ワークショップに参加したメンバーの口から思わず出た言葉は、「これはTPS for Innovationだ」というもの。TPSはトヨタ生産方式（Toyota Production System）の略称。ゴールドラット博士がこの言葉を聞いたら、きっと喜んでいたに違いない。

出来上がったカタログは、内容の素晴らしさ、スケールの大きさ、実現可能性の高さから経営幹部の注目を集め、具体的なプロジェクトが前に進み始めている。会社の最高機密に属するので詳細をご紹介できないのが残念だ。

46 この経緯については、大野耐一氏が生前語ったビデオが存在する。2018年9月27日、米国ユタ州で行われたTOC国際大会の特別講演「トヨタ生産方式の本質」で、大野耐一氏に直接薫陶を受けたトヨタ自動車元技監の林南八氏のプレゼンの中で紹介している。

しかし、プロジェクトの最高の成果物と言われるものはすでに実現している。それは、会社の将来を担う人財である。会社の縦横すべての壁を超えて協力し合い、未来のビジョンとイノベーティブな商品を実現する人財。それは、組織にとって最高の成果だとトヨタの経営幹部は口を揃えて言う。

大野耐一氏に直接薫陶を受けたトヨタ自動車元技監の林南八氏は、トヨタ生産方式の本質について次のように語る。「トヨタ生産方式の二本柱、自働化とＪＩＴ（ジャストインタイム）は、原価低減のためであるが、もっとも重要なのはそれを実践することによって人財が育成されること。今求められているのは真の人財育成である」[47]

トヨタ生産方式で磨かれ続ける人財が行うイノベーション。これからが本当に楽しみである。

47. これは、2018年9月27日、米国ユタ州で行われたTOCの国際大会の特別講演「トヨタ生産方式の本質」のクロージングメッセージである。世界中から参加した1000名を超える聴衆は、この講演に感動し、スタンディングオベーションでいつまでも拍手が止まらなかった。

コラム

イノベーションを妨げ、会社をダメにする迷言集

我々はさまざまな会社の修羅場に入り込んでいるが、いずれの会社にも「会社をダメにしている言葉」があることが最近わかってきた。それらは、もともとは名言として広く知られている言葉だが、社内で独り歩きしているうちに誤った解釈が広まり、いつのまにか悪い影響を及ぼすようになっている。名言を迷言にしてしまうダークサイドの力（フォース）がどこかで働いているのではないかと筆者はにらんでいるが、いずれも現場に思考停止という副作用を招いているという共通の特徴がある。[48]

48. もしも、会社をダメにする迷言を見つけたら、ぜひ連絡をいただきたい。迷言研究家として、今後の研究材料とさせていただきます。

走りながら考えろ!

グズグズ考えてばかりいて立ち止まっている状況を打破し、行動に移すことの大切さを我々に教えてくれる名言。時に、この言葉が独り歩きして、企画が決まっていないのに開発がスタートしたり、仕様が決まっていないのに協力業者にソフトウェアが発注されたりということが組織中に起き、ムダな仕事、ムダなお金がどんどん発生する原因になっていることが多い。仕様はどうせ決まらないものとして無駄なイテレーションを繰り返すことで、コストがどんどん膨れ上がり、会社がどんどん貧乏になっていくので注意が必要。

お客様の声を聞け！

自社のことばかり考えることに警鐘を鳴らし、顧客視点でモノを考える大切さを教えてくれる名言。時に、お客様の声を鵜呑みにして開発することで、誰にも刺さらない商品、WOW！がない商品が出来上がることがある。「お客様の声を聞け！」「お客様の声を聞いても意味がない」という言葉が数年ごとに入れ替わっているとすれば、会社がブレている証拠。入れ替わり周期がさらに加速していく場合もあり、ひどいときには人によって言うことが逆転するので注意が必要。

売れない商品を売るのが営業

もともとは、売れないものでも売るくらいの営業力を持つことが大事ということで、営業の大切さを我々に教えてくれる名言。時に、売れないのでディスカウントしてでも売るという営業活動につながることで、会社の利益を損ね、会社を貧乏にしてしまうことがあるので注意が必要。

モノづくりは人づくり

人材育成の大切さを我々に教えてくれる名言。時に、いい人材がいないとダメだと解釈されるようになり、他社から「できる人」を引っ張ってこようとして、人材育成ではなく人材獲得に動いている場合がある。できる人をスカウトしても、いつまでもいるとは限らない。しかも、できる人が成果を出すと、できる人にますます依存する体質が出来上がり、常に外部スカウトに依存するようになる。すると、もともといるメンバーのモチベーションは下がっていき、会社は人づくりから遠ざかっていくことになるので注意が必要。

日々の地道な努力がイノベーションにつながる

日々の地道な努力がイノベーションに欠かせないことを教えてくれる名言。時に、日々の仕事に一生懸命になるあまり、地道なカイゼン努力に明け暮れて、大きな目標を見失いがちになることがある。このような現場ではみんなが一生懸命カイゼンしているのに、なぜか会社全体の数字はカイゼンせず、むしろムダな仕事が増えていることがあるので注意が必要。

銀の弾丸はない

今、問題解決策がなくても、解決するために努力を続けなければならないということを我々に教えてくれる名言で、ソフトウェア業界でよく使われている言葉。時にそれが独り歩きして、「解決策などない」という前提でムダな試行錯誤を繰り返すことにつながることがある。さらに悪いのは「解決策などない」という言葉が、組織に思考停止をもたらし、本当のブレークスルーの解決策を考えることを妨げている場合があるので注意が必要。

失敗には理由があるが成功には理由がない

失敗には理由があり、そこから学ぶことが大事ということを教えてくれる名言だが、失敗に理由があるのなら、成功にも理由があるのは当然のこと。本当は成功の理由がわかれば成功を連発することができるはずだが、成功の理由を「できる人」のせいにすることも多い。その場合、できる人に社長賞を出したりして栄誉を称えるが、なぜ成功したのかという理由を理解するチャンスを失うことにもつながるので注意が必要。

STEP3 実現への道のりを創る

多くの人の助けなしにはイノベーションは実現できない

どんなに優れた価値ある商品でお客様にその価値が伝わっていても、多くの人の助けなしには、世の中にイノベーションを起こすことはできない。ほとんどの場合、イノベーションは一人だけで実現できるほど甘いものではないのだ。

これまでのＳＴＥＰで、〈ＷＯＷ！カタログ〉も出来上がり、ビジネスプランも詰めたら、一刻も早く新商品を世の中に送り出したいと思うだろう。だが、さまざまな人や組織がからむ大きなイノベーションを起こそうと思えば、組織を超えて多くの人たちの協力が必要になる。**みんなで志を一つにして成功への道のりを共有していくことが、イノベーション成功のカギを握る**からだ。

まず最初に取りかかるのは、事業計画の策定だ。

事業計画を創る

価値を創り、価値を伝えられる〈ＷＯＷ！カタログ〉が磨き上げられたら、次は事業計画を創ることになる。それぞれの会社には事業計画書のフォーマットがあるはずなので、それをわざわざ変える必要はない。〈ＷＯＷ！カタログ〉を入念に検討してきたので、事業計画の策定は今までよりも格段に楽にできるはずだ。

ビジネスの可能性について評価するための項目には、一般に次のようなものがある。

❶市場の大きさはどのくらいか？
❷利益はどれだけ見込めるのか？
❸模倣はどのくらい難しいのか？
❹競合が追いつくのにどのくらいかかりそうか？
❺投資と運用のコストはどのくらい必要か？
❻実現を難しくしている社内の制約は何か？

❼投資回収にどれくらいかかりそうか？
❽売上、利益、シェアのプランは？

今まで企画があいまいなまま前記の質問に答えなければならなかった現実に比べれば、すでに〈ＷＯＷ！カタログ〉を作成するプロセスを経ているので、はるかにラクに、自信を持って質問に答えられるだろう。

成功する根拠を検証する〈仮定の検証〉

事業計画を策定しても、その方向性が合っているとは限らない。みんなの知恵を結集して考えた〈ＷＯＷ！カタログ〉だって、まだ商品が存在していない「絵に描いた餅」と言える。ここで重要なのは、この商品が成功する根拠を前もって明確にしておくことだ。これを明らかにする質問は、たった一つ。

ご機嫌トリ

権威を見るとすり寄っていく習性がある。鳴き声が「おっしゃるトーリです!」と聞こえることがよく知られている。

「それが起きると思っている理由は何でしょうか?」

ある結果が起きると思っているからには、根拠となる理由があるはずだ。その理由を明らかにすることで、想定通りの結果が出るかどうかが誰でもわかるようになり、検証を早期に実施することも可能になる。

事業計画を創るポイントは、実はたった一つ。事業計画が示すさまざまなデータに、あらゆるステークホルダーが納得できる根拠があるかどうかだ。**人は数字で納得するのではなく、その数字が示された根拠で納得する**ものなのだ。だから、根拠となる理由を明確にすることが事業計画のキモと言える。

まだ実施していないのだから、この根拠となる理由はあくまでも仮定[49]である。もしも間違っていたら修正していく必要がある。

49. 仮定を広辞苑で調べると、①実際とは無関係に想定されること。②何かの現象を説明するために一応想定されること。その条件を厳格にしたものが科学上の仮説。③ある推理の出発点として設定される命題。仮設。(広辞苑 第七版)とある。仮定はあくまでも仮定であるというゆえんだ。だからこそ検証することが大事なのだ。

変化の激しい世の中である。今考えた仮定がそのまま数か月後、数年後に通用すると思う人はいないだろう。つまり、変化する状況において、**仮定を素早く検証し、修正していくことこそがビジネス成功のカギとなる。**

先ほどのゴールドラットスクールの事例を考えてみよう。「市場の大きさはどのくらいか？」を考えてみる。市場の大きさが4000～5000人[50]と言っても、あまりピンとこないかもしれない。これは、人は数字で納得するのではなく、根拠がわからなければ納得しないということを表している。しかし、日本でのビジネススクール応募者数が年間4000～5000人だからという理由があると、ピンとくるのではないだろうか。

小さなスケールでテストする

ここまで考えたら、仮定を検証するために、小さなスケールでテストすることができる。実は、我々が立てた仮定は、最初の実証実験ですぐに崩されることになる。[51]

非公開でゴールドラットスクールの募集を始めたところ、大手企業だけでなく中小企業からの応募者が多かったのだ。

調べてみると、社員が数十名レベルの中小企業だからこそ、実務で成果を出せる経営幹部を育てたいという要望が大きかったことがわかった。欧米のビジネススクールはハードルが高いが、派遣社員を1人雇うのと変わらない月25万円の費用で、わずか6か月で、現場で結果を出しながら3名の経営幹部が育てられるということが、中小企業の社長さんのハートに響いたのだそうだ。

日本の企業のうち99%以上[50]が中小企業と言われている。想定を超える巨大な市場が明らかになった。しかも、中小企業をよくすることは日本をよくすることにつながると考えると、我々のモチベーションも上がりっぱなしとなった。

50. 4000〜5000人は小さいと思われるかもしれないが、将来の日本を背負って立つ志の高い人がそれだけいると思うと、そのインパクトは計り知れないほど大きい。いずれにしても、先生の数が限られている我々にとっては、途方もない大きな数字であった。

51. 思ったようにいかないことを活かして学び続けることができる〈ミステリー分析〉という手法がある。これについては、101ページからの説明と巻末の論文を参考にしてほしい。

──〈WOW!ロードマップ〉で仮定を一つひとつ検証したマツダ

STEP1でご紹介したマツダの事例だが、〈WOW!ロードマップ〉の最初の一歩は、SKYACTIVのエンジンを搭載した「デミオ」である。このときに検証しなければならなかった仮定は、ハイブリッド自動車並みの燃費と走りを両立させたSKYACTIVというエンジンが、世の中で環境対応車として受け入れられるかであった。

当時は、環境対応と言うとハイブリッド自動車と電気自動車が主流であったから、世の中の潮流に逆らう、非常に大きなチャレンジであったことがわかるだろう。「デミオ」が受け入れられると、次はエンジンだけでなくパワートレインまで一新した「アクセラ」である。

ここで検証すべき仮定は、たまたまの一発ヒットで終わらずに、連続ヒットが打てるかということだ。それでこそ、その仮定が世の中に本当に受け入れられた証となる。

成功の根拠を明らかにする〈仮定の検証〉ワークシート

事業性のチェック項目	想定	その理由は？	検証（はい・いいえ、新たな発見）
❶市場の大きさはどのくらいか?			
❷利益はどれだけ見込めるのか?			
❸模倣はどのくらい難しいのか?			
❹競合が追いつくのにどのくらいかかりそうか?			
❺投資と運用のコストはどのくらい必要か?			
❻実現を難しくしている社内の制約は何か?			
❼投資回収にどれくらいかかりそうか?			
❽売上、利益、シェアのプランは?			

そして、満を持してリリースされたのが「CX－5」[52]。革新的なエンジンにふさわしいデザインをまとった、新しいマツダを代表するクルマである。それは、マツダの立てた仮定が正しいかどうかを検証するもっとも重要な商品と言える。これが日本カー・オブ・ザ・イヤーを受賞するヒットになったのは記憶に新しい。

こうして〈WOW！ロードマップ〉にある商品一つひとつの仮定を世に問うことで、会社そのものさえも一新してしまったのだ。

52. 画期的なエンジンSKYACTIVはデザインも一新したCX－5でリリースするのが普通と思われるだろう。でもそれだと、エンジンが効いたのか、デザインが効いたのか検証することは難しい。科学の実験のごとく、厳密に仮定をチェックするためには一つひとつのパラメータを振って検証するのが望ましいのは言うまでもない。

失敗を学びに変える〈ミステリー分析〉

ここまで成功する根拠を明らかにしても、思ったようにいかなくて失敗することはある。ビジネスを取り巻く前提が、突然変わったり、考えていた仮定の中に思い込みが潜んでいたりすることがあるからだ。むしろ、世の中にイノベーションを起こした人たちで、失敗を一度も経験していない人などいないのが現実だ。

思ったようにいかないことを、人は失敗と言う。失敗すると、人はがっかりしてしまう。そんなとき「失敗から学ぶことが大切だ」と言われても、実際にやるのはナカナカ難しい。

ここで、思ったようにいかないとはどういうことか考えてみたい。ある行動の結果として引き起こされることは、次ページの図のように3種類の結果しかない。

1つ目は「思った通りの結果」。思った通りにうまくいったのだから成功と言える。

2つ目は「思ったより悪い結果」。思ったようにいかないことを失敗と言うが、そこには理由があるはず。それを解消すれば、予測よりも悪い結果は起きなくなるので、ブレークスルーのきっかけとなる。

3つ目は「思ったより良い結果」。**これも、当初に描いた「思った通りの結果」が出ていないので、問題としてとらえるべき**である。そこには「思ったより良い結果」を引き起こした理由があるはず。それがわかれば、「より良い結果」が思った通りに引き起こせることになり、ブレークスルーのきっかけとなる。

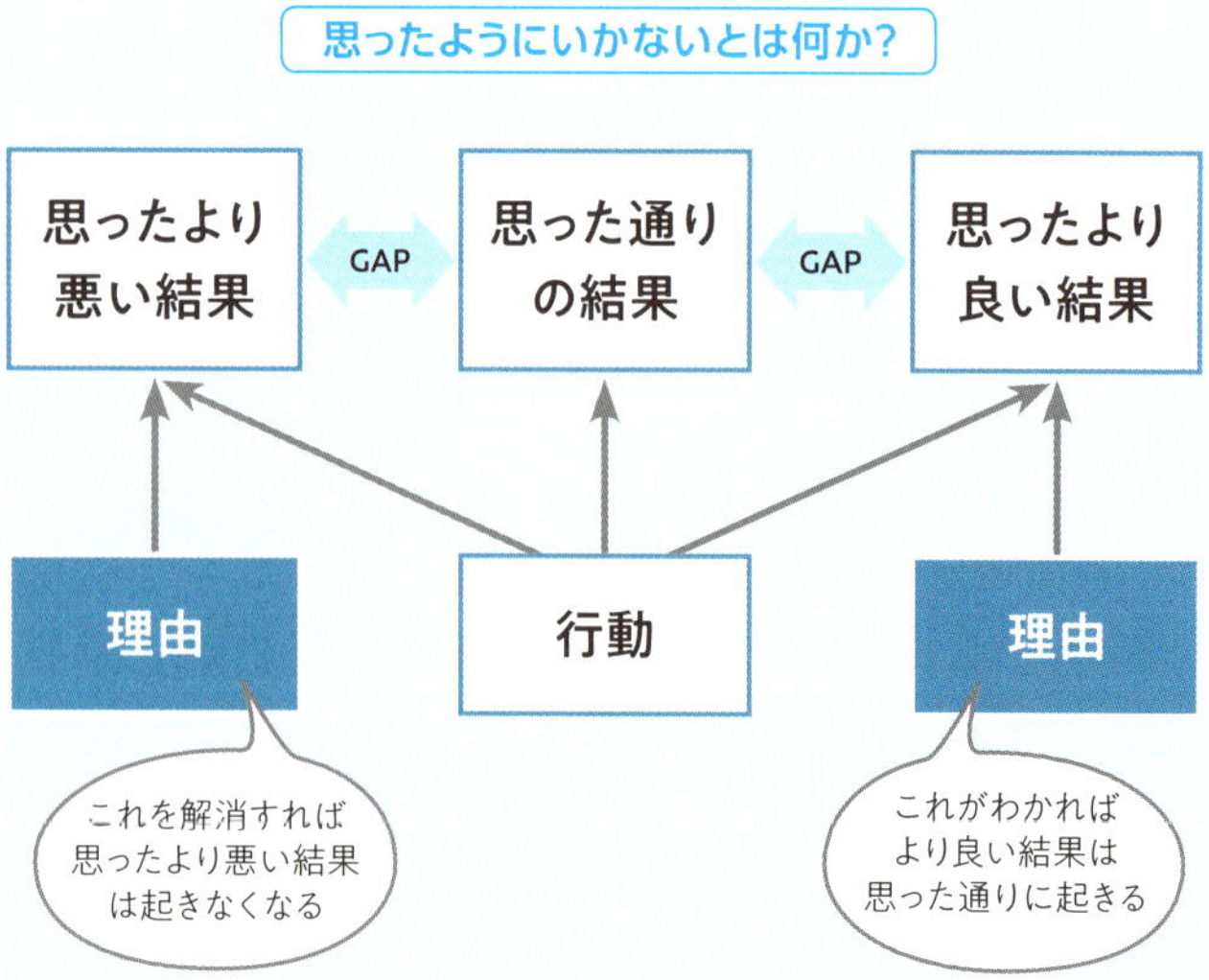

行動の結果として起きるのは3種類の結果

〈ミステリー分析〉の7つの質問

ここで、失敗を学びに変えるうまい方法を紹介したい。それが〈ミステリー分析〉という方法だ。実行するのはとても簡単。次の7つの質問に答えていけばいい。

❶ 問題は何ですか?
❷ もともと何が起こると期待していましたか?
❸ それを起こすために、どんなことをしましたか?
❹ 実際に起きてしまったことは何ですか?
❺ 何が原因で思わぬ結果を引き起こしたのでしょうか?
❻ この原因を解消するうまい方法はありますか?
❼ この解消策を行うと、期待していたことが起きそうですか?

最初から失敗しようとして失敗する人なんかいない。だから人を責めても問題は解決しないのだ。失敗には何らかの見逃した理由があるはず。それを見つけ出して解決するのが〈ミステリー分析〉の7つの質問なのだ。それぞれの質問について解説していこう。

① 問題は何ですか？

まず、思ったようにいかなかったことを明らかにする。「問題とは、現実と目的のギャップである」とよく言われるところ。つまり、思ったよりもうまくいっても、うまくいかなくても問題である。

ゴールドラットスクールの事例を考えると、当初想定していた顧客層は社員をビジネススクールに派遣している大企業であったが、フタを開けてみると中小企業からの応募が殺到した。これは想定外のことだ。つまり、「ゴールドラットスクールを開始したものの、大企業よりも中小企業から応募が殺到した」ということが問題だ。

② もともと何が起こると期待していましたか？

次に、もともと何が起こると期待していたかを明確に言葉に表す。ここでのキモは、もともとの思惑を明確にすること。思わぬことに直面すると、つい対症療法で対処したくなるものだが、それでは問題は解決しない。**もともと期待していた目的は何なのかを明確にしなければ、問題解決は始まらない**。なぜならば、いくら対症療法をしても、目的が達成できなければ問題解決はできないからだ。

想定よりも悪い結果が出ると、それを分析したくなるのが人情。だが、想定よりも良い結果が出ると、結果オーライで何も考えなくなりがち。しかし、思ったより良い結果が出たときこそ、それが起きた理由を理解すべきなのだ。なぜならば、**この理由を理解して実行することで、思ったより良い結果をこれからも出し続けることができる**からだ。思ったより良い結果は、宝の山に変えることができる。[53]

ゴールドラットスクールの場合も、募集後すぐに満員になったからといって、結果オーライではない。想定では「大手企業から応募が来る」はずだったのだ。もともと大手企業の幹部から相談され、開発したプログラム。だから大手企業から応募が来るのは当たり前と考えるのが普通だろう。

53：科学史上の重大な発明も、偶然実験で良い結果が出たことに興味を持った科学者がそれを分析することで起きている。思ったより良い結果こそ、分析すべきなのだ。

③ それを起こすために、どんなことをしましたか？

先の質問で、どんな結果を期待していたかを明確にした上で、次の質問は、その結果を起こすために何をしたかを明確にすることである。やると言った行動がその通りに実行されたとは限らない。[54] 何かが抜けていたのかもしれないし、やる予定のないことをやったのかもしれない。それを詳しく確認し、行動と結果のつながりを確認するのだ。

ゴールドラットスクールの場合は、大手企業の幹部にも相談にのってもらい、チラシを作成して募集したので、予定通りに実行されたことは確認できた。

④ 実際に起きてしまったことは何ですか？

ここで現実に何が起きたかを確認する。あらかじめ想定していたことと、現実に起きたことのギャップを認識するのだ。両者の差が目的と現実のギャップであり、問題を明確に定義したことになる。**思ったようにならないこともあるのが現実。いま起きている現実をしっかり認識するのが、このＳＴＥＰのキモだ。**

ゴールドラットスクールで現実に起きたのは、中小企業から応募が殺到し、募集直後に満員になったこと。きちんと実行したのに、想定と違う結果が出た。これはミステリーだ。

⑤ 何が原因で思わぬ結果を引き起こしたのでしょうか？

失敗には原因があるように、**思わぬ結果を引き起こしたことにも原因がある**はず。何か見逃した原因が必ずあるはずなのだ。それをこの質問で明らかにしていくことが、何よりも大切である。この質問に答えるプロセスの中で、結果に対処するよりも、原因に意識を集中させることができる。

ゴールドラットスクールに中小企業からの応募が殺到したのは、「会社の将来を担う3人の経営幹部を6か月で育成します。しかも派遣社員を1人雇うのと変わら

54 もしも、ちゃんとやっていないなら、まずはちゃんとやることが大事である。これは科学の実験でも同じである。ちゃんと実験をやっていないのに思ったような結果が出なかったと世間に発表したら、大恥をさらすことになるだろう。まずは、ちゃんとやること。そうすることでしか、思ったような結果が出るかどうかの実験は成立しないのだ。

ない月25万円で」という謳い文句が中小企業の経営者のハートに響いたからだということが明らかになった。

⑥ この原因を解消するうまい方法はありますか？

思ったより悪い結果であれば、これを招いた原因の解消策を考えればいい。**この原因がなくなれば、思ったより悪い結果は出なくなり、問題解決は一歩進む**ことになる。

ゴールドラットスクールの場合は、思ったより良い結果なので、中小企業にも積極的に働きかけたり、中小企業の育成に熱心な自治体と協力していくことにした。大手企業のみならず、日本企業の99％以上を占める中小企業にターゲットが拡大できることは朗報。しかもそれは日本をよくすることにつながる。ゴールドラットスクールは企業の大小を問わず、日本をよくするためのスクールであるということが明確になり、我々のモチベーションも上がりっぱなしとなった。

⑦この解消策を行うと、期待していたことが起きそうですか？

今回考えた解消策で、思った通りの結果が起きそうかを確認する。**この質問により、解消策によって引き起こされるであろう結果のつながりを論理的に確認することができる。**失敗したのに、その理由が見つかって解決できそうだと思えば、人はやる気になるだろう。この7つ目の質問は、やる気を創る質問とも言える。

ゴールドラットスクールの場合、中小企業にもターゲットを拡げて広く告知したり、自治体と協力することを始めたが、現状でさえキャパシティが足りないという課題があるので、各地域にスクールを展開していくようになった。

想像がつくと思うが、このプロセスはものすごく楽しい。たった7つの質問で問題の原因を明らかにし、それを解消していく。**質問に答えるだけなので、みんなでワイガヤ議論することができる。一人で問題を抱え込むこともなくなり、みんなの知恵を使って議論することができる**のだ。〈ミステリー分析〉の詳細をさらに知りたい方は、巻末に掲載した論文を参考にしていただきたい。

欠品と過剰在庫に悩むアパレル小売業の〈ミステリー分析〉

これは、あるファッションアパレルの小売企業で実際に起こったミステリーだ。

小売業において欠品は大きな問題である。お客様がわざわざ買いに来たのに、欲しいものが欠品していたのでは、買わずに帰ってしまうからだ。気に入った服があったのに自分に合うサイズがなくてがっかりした経験がある人は少なくないだろう。顧客満足度が下がってしまうのも大きな問題だ。

どのような店舗でも欠品はしたくない。それでも欠品してしまうのは予測が外れるから。その予測の精度を上げるために、最先端のＡＩ（人工知能）を入れた高額なシステム投資を行ったが、欠品率が下がったとは言えない状態であった。欠品が減ったというデータが出た店舗は逆に過剰在庫が増えてしまい、ディスカウントや廃棄をせざるをえなくなり、かえって深刻なダメージを受けていた。

ゴールドラットグループには、こういう相談がよく持ち込まれる。これに対して我々は高度なシステムなしで、シンプルなソリューションを提供した。アパレルメーカーに発注してから納品されるまでのリードタイムが2か月以上かかっていたものを、1週間以下に短縮したのである。

アパレル商品はシーズン性が高い。売れるものは、発売してわずか1～2週間でシーズン分発注した商品が売り切れてしまう。1シーズンは3か月ほど。ということは、2か月半以上が売れ筋商品の欠品となる。追加発注してもすでに同じ生地がなく、そのシーズン中に仕入れることは不可能なことも少なくない。だから、最初から売れそうなものは、欠品しないように大量に仕入れたくなる。

大量に仕入れると仕入れコストが安くなるので、粗利が上がるという嬉しい効果もある。でも現実には予測が外れるので、結果的に、大量に仕入れたものが過剰在庫になることも少なくない。結果としてディスカウントしてでも過剰在庫をさばかなければならず、それが経営に深刻なダメージをもたらすことになる。

そこで、シーズン前に大量に発注するのを止めてもらい、小ロットで発注することにした。小ロットになると価格が上がるのが心配かもしれない。しかし、大量発注によるディスカウント幅と、店舗で日常的に起きている3割引、5割引のディスカウントを考慮に入れると、小ロットで発注することで過剰在庫がなくなれば、必然的にディスカウントもなくなる。仕入れコストが少々上がっても、結果的に利益を大幅に押し上げることが計算で明らかになった。

さらにキモとなる生地については、先に発注してこの小売業の在庫として工場に持ってもらうことにした。生地さえあれば、服の生産はせいぜい縫製とボタンを付けるだけである。ならば、本当の加工時間は数時間もかからない。メーカーの工場は中国だから、輸送を含めて1週間のリードタイムで日本の倉庫に納品できるオペレーションが可能となることが明らかになった。

1週間先を予測するのと2か月以上先を予測するのでは、どちらのほうが予測が当たるかは言うまでもないであろう。AIなどの技術に頼ることなく、リードタイムが長くかかるという前提そのものを覆し、予測確率をケタ外れに高めたのだ。

さらに店舗の売上をメーカーの工場に直接知らせて、欠品しないように、需要に連動して納品してもらうことにした。[55] しかも、もし欠品が起きなかったら、利益が上がった分の一部をボーナスとしてメーカーに支払うことにした。まさにウィン・ウィンとなるビジネス取引である。

これならば、現在の欠品は大幅に解消され、売上が上がり、過剰在庫は劇的に削減されると思われる。そこで数店舗で実証実験をすることになった。

ミステリーが起きたのは、実証実験が始まって1週間目のこと。売れ筋の欠品が解消されたのに売上が一向に上がらないというデータが示されたのだ。関係者の当惑と落胆は想像できるだろう。そこで〈ミステリー分析〉を行った。

❶ 問題は何ですか？

ここでの問題は、売れ筋商品の欠品が解消されたのに売上が上がらないこと。

55 需要に応じて在庫をコントロールする方法を「ダイナミックバッファマネジメント」と言う。これについての詳細は拙著『「よかれ」の思い込みが、会社をダメにする』（ダイヤモンド社）を参照してほしい。

❷もともと何が起こると期待していましたか？

もともと期待していたのは、欠品と過剰在庫が解消され、一方で、売れ筋の欠品が解消されれば売上が上がるということであった。

❸それを起こすために、どんなことをしましたか？

我々が行ったことは、リードタイムを削減し1週間で補充できるようにすることで、売れ筋の欠品をなくすとともに、過剰在庫を削減できるように取り組んだこと。

❹実際に起きてしまったことは何ですか？

リードタイムの削減により、欠品と過剰在庫は解消したが、肝心の売上が上がらないということが実際に起きたことである。

❺何が原因で思わぬ結果を引き起こしたのでしょうか？

売れ筋の欠品が解消されたのになぜ売上が上がらないのか、関係者一同が集まって頭をひねった。流行が変わったのではないか。そもそも売れ筋と思っていたのが売れ筋ではなかったのではないかなどの議論がなされたが、それが原因だと示すデータは見当たらない。

しかし、ここで一つ大きな見落としがあった。この実証実験を行った1週間は近年まれにみる寒波の影響で、来客数が半分以下に減っていたのだ。それがわかると一同はどよめいた。客数が半分以下に減っているのに売上は変わらなかったのだ。売上は上がらず例年並み。しかしそれは、来客数が半減しても、である。ならば、気候が戻れば売上は上がるはずということで、現場が一気に盛り上がった。

❻この原因を解消するうまい方法はありますか?

気候が原因であることが明らかになったので、今後は気候の変化による来客数の変化も加味してデータを見ていくことになった。

❼この解消策を行うと、期待していたことが起きそうですか?

最後にこの質問をすると、みんなの顔が明るくなったのは言うまでもない。

結果として、この活動をどんどん加速することになり、この企業の売上が上がるとともにメーカーの仕入れも増え、メーカーの業績もよくなる。しかも、何が売れているのかが、メーカー側でも一目瞭然なので、自分たちが作っているものの売れ行きがよいことを知って現場のモチベーションが上がる。欠品解消によってもたらされたボーナスは、現場で働く人たちにも配られた。

〈ミステリー分析〉のいいところは、みんなで集まって行えるところ。**一部の人のデータ分析力に依存するのではなく、みんなで知恵を出し合って問題を解決していくのが楽しい**ようで、思ったようにいかないことを議論しているのに、みんな楽しそうに議論できるのがいいところだ。〈ミステリー分析〉はちょっとした謎解きのようで楽しいのかもしれない。

——本来、人は失敗から学ぶことを楽しんでいる

娯楽として普及しているゲーム。誰でもカンタンにできるようなゲームではすぐに飽きてしまうし、ちっとも面白くないだろう。逆にうまくいかずに、いろいろ試しながら攻略法が少しずつわかってくると、だんぜん楽しくなってくる。

ゲームの難易度が上がり、いくつもの試行錯誤（失敗）の末に「こうすれば、こうなるんだ！」とわかったときは、さらに喜びを感じ、次のチャレンジへの闘志さえ湧いてくる。つまり、失敗を間違いとは言わず、うまくいくための試行錯誤として楽しんでいる。ゲームは言ってみれば、一つひとつの失敗から学ぶプロセス。[56]そして、人はそれを楽しむ。

失敗そのものは結果にすぎない。失敗という上辺の結果よりも、その原因に目を向けて解消策を見つけ出すプロセスを、人は楽しむようにできているのかもしれない。そう考えると、**失敗から学び続けるプロセスは、本来は楽しい**ということになる。

56　ゲームでは、お金を払ってまで失敗から学ぶプロセスを楽しんでいる。ならば、お金をもらっている仕事なら、失敗から学ぶプロセスをもっと楽しんでもいいんじゃないかと思うのだ。

失敗を学びに変える〈ミステリー分析〉ワークシート

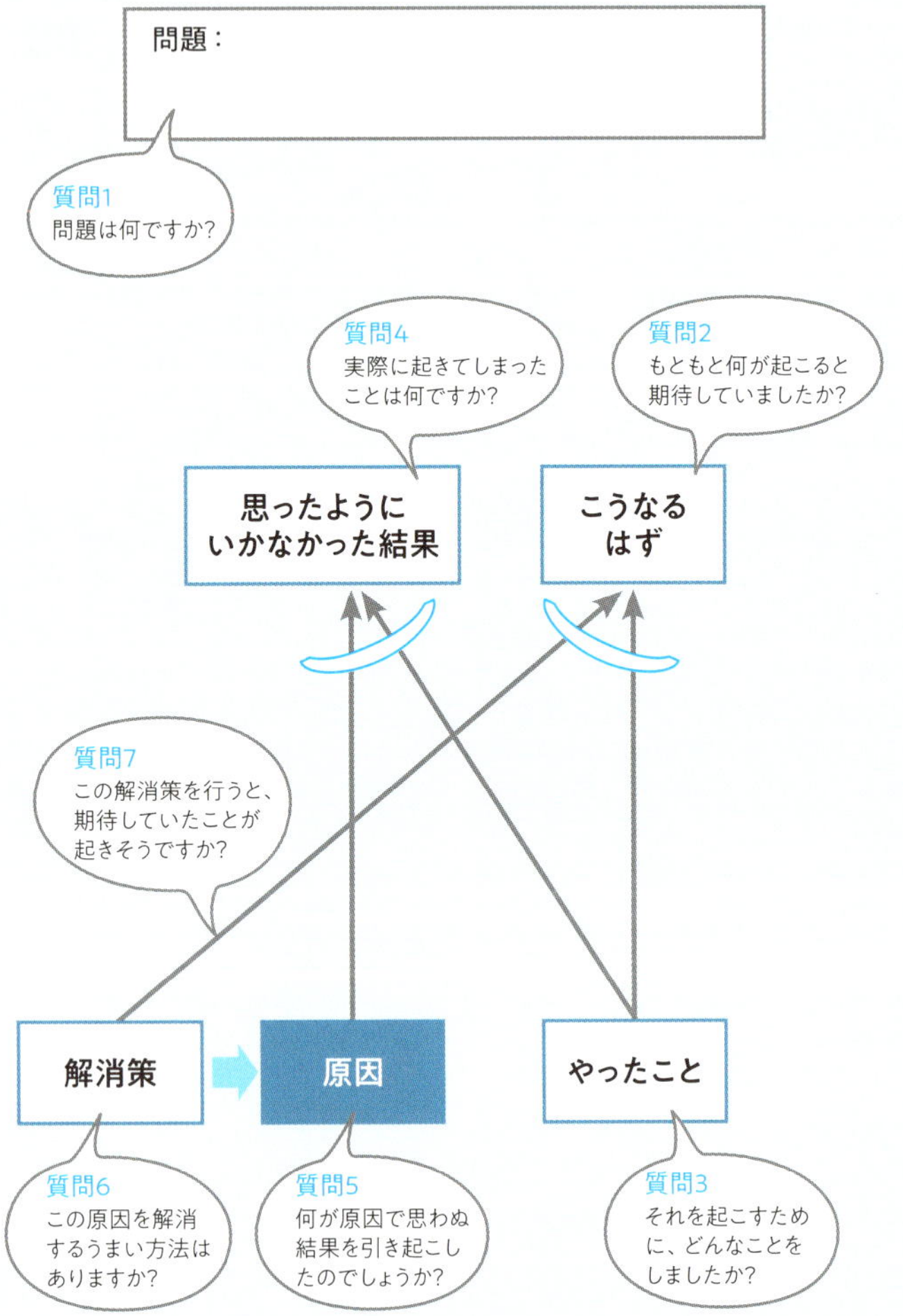

問題：
質問1
問題は何ですか？
質問4
実際に起きてしまったことは何ですか？
質問2
もともと何が起こると期待していましたか？
思ったように
いかなかった結果
こうなる
はず
質問7
この解消策を行うと、期待していたことが起きそうですか？
解消策
原因
やったこと
質問6
この原因を解消するうまい方法はありますか？
質問5
何が原因で思わぬ結果を引き起こしたのでしょうか？
質問3
それを起こすために、どんなことをしましたか？

7つの質問を使って付箋などを活用して議論していく

参加メンバーの志を一つにする〈ODSC〉の3つの質問

〈WOW！カタログ〉もあり、ビジネスプランもある。これを渡して説明すれば、みんなわかるだろうと思ったら大間違いである。**人から与えられた目標と自分で考えた目標では、どちらがやる気になるだろうか。**人から与えられた目標はプレッシャーにはなるけれど、やる気を呼び起こすまでには至らないのではないか。目標は自分で考えるからやる気になるのだ。[57]

これを開発チームでやるうまい方法がある。それが〈ODSC〉だ。ODSCとは「Objectives, Deliverables, Success Criteria」の略で、それぞれ、目的、成果物、

57　「上から下りてきた目標」と「自分たちで作った目標」の違いについては『知らないからできる』（共著、PHP研究所）の203ページにイラストで描かれている。これだけでこの本を買う価値があると思えるほど、一発でわかる秀逸なイラストだ。ぜひご覧いただきたい。

成功基準を意味している。これをやるのも簡単で、次の3つの質問に答えるだけだ。

❶目的は何ですか?
❷成果物は何ですか?
❸成功基準は何ですか?

それぞれの質問の意味を説明していきたい。

① 目的は何ですか?

プロジェクトには必ず目的がある。〈WOW!カタログ〉を見ながら、「目的は何ですか?」という質問を使って、このプロジェクトの目的を自由に議論する。

ポイントは、**メンバーから出てきた言葉を一切修正せずに、そのままホワイトボードに書き写すこと**。自分の発言を丸めて書かれたら、どう思うだろうか? 誘導されているように感じるかもしれないし、気持ちも乗らないだろう。でも自分の発言がそのまま目的として書かれたらどうだろうか。きっと、やる気になるはずだ。

モチベーションは自己起因性が大事と言われる。だからこそ、せっかく本人の口から出た言葉を、他人がいじってやる気をそぐようなことはないように注意すべきだ。[58]

どんどん自由に目的を議論していこう。ある程度目的が出揃ったら、「財務の視点」「顧客の視点」「業務プロセスの視点」「成長と育成の視点」[59]、さらには「経営理念の視点」や「社会貢献の視点」が入っているかもチェックしてほしい。

プロジェクトには、メンバーが絡んでいるはずだ。それぞれのメンバーは、それぞれの立場を背負って参加している。**それらの声を最初に拾い上げて目的の一つに入れておくのは、彼らの協力を得るためにとても大事なことだ**。また、中には思いもつかなかった新しい視点から目的が入ることもあり、メンバーの気づきが得られることもある。

58. プロジェクトにおけるモチベーションについては『過剰管理の処方箋』（金井壽宏氏との共著、かんき出版）をご覧いただきたい。

59. ご存じの人も多いかと思うが、この4つの視点はバランス・スコアカードで紹介された視点である。詳しく知りたい人は『バランス・スコアカード』（ロバート・S・キャプラン、デビッド・P・ノートン著、生産性出版）を参考にしてほしい。

さらに、「経営理念の視点」や「社会貢献の視点」からの目的が入っているプロジェクト目標を見て、喜ばない経営幹部はいないだろう。その分だけ経営幹部の応援が得られやすくなり、プロジェクトの成功確率は高まることになる。

先ほどのゴールドラットスクールの設立の目的を考えてみる。

- 欧米のトップビジネススクールに勝る短期間で、目覚ましい成果を出す人財を育成する
- 投資を大幅に上回る成果をクライアントにもたらす
- ゴールドラット博士が教えてくれた知識を我々も教えられるようになる
- 世界に先駆けて日本で実現し、世界にヨコ展開する
- 中小企業にも参加してもらい、日本をよくすることに貢献する

などなど自由に議論し、それを書き込んでいく。

② 成果物は何ですか?

ここで挙げた目的を達成するために必要な成果物は何かを議論していく。この成果物はプロジェクトがこれから作るものである。よくある勘違いは、プロジェクトが作る成果物が目的だということ。よく考えればわかるが、成果物は、目的を達成するために作る手段である。

「手段と目的を履き違えるな！」という言葉はよく聞く。これを実践するのはなかなか難しいが、「目的は何ですか？」「成果物は何ですか？」というたった2つの質問で、目的と成果物は混同しなくなる。多くの場合、指示・命令よりも質問のほうがパワフルである。それはなぜかというと、**答えを教えてもらうよりも、自分で答えを考えたほうがよっぽど納得感があるし、やる気にもなる**からである。

ゴールドラットスクールの成果物を考えてみる。

- ゴールドラットスクール・プログラムのカタログ
- プログラム教材
- 毎回のワークショップの内容と宿題

- 参加者の成果報告とゴールドラットジャーナルの発行
- 国際資格認定証書

実際に議論していて特に盛り上がったのは、投資をはるかに上回るエビデンス（根拠）を示すために、成果報告を「ゴールドラットジャーナル」という形でまとめて広く配るアイデアだ。「ハーバード・ビジネス・レビュー」のような格式を持ちながらも、もっと一般の人でも読めるようなやさしいジャーナルを創って、ゴールドラットスクールから出てくる事例の数々を発表していくことになった。

③ 成功基準は何ですか？

成功基準は重要である。なぜなら、プロジェクトが成功したかどうかはこれで測るからだ。小難しい議論になりそうだが心配はいらない。先ほどの目的のときに議論した項目の一つひとつについて、達成できたかどうか測れるように成功基準を考えていけばいい。

ゴールドラットスクールの事例をもとに考えていこう。

「欧米のトップビジネススクールに勝る短期間で、目覚ましい成果を出す人財を育成する」の成功基準は何だろう。「参加した会社の経営幹部から感謝のメールをもらう」「同じ会社から次も参加したいという話が来る」というのはどうだろうか。

「投資を大幅に上回る成果をクライアントにもたらす」の成功基準は何だろうか。「研修期間6か月以内に、投資額を上回る利益をクライアントにもたらす」というのはどうだろうか。

「ゴールドラット博士が教えてくれた知識を我々も教えられるようになる」の成功基準は何だろうか。実は、前記の2つの成果をこのプログラムで上げることができれば、結果として我々はゴールドラット博士並みに教えられるようになったと言えるのではないだろうか。ならば、この項目の成功基準は先ほどの2つでカバーしていると考えていい。

「世界に先駆けて日本で実現し、世界にヨコ展開する」の成功基準は何だろうか。

最初のテストプログラムの最中に他の国のエキスパートに見学に来てもらい、「他の地域でも同様のプログラムが立ち上がる」というのはどうだろうか。

「中小企業にも参加してもらい、日本をよくすることに貢献する」の成功基準は何だろうか。「成功事例をゴールドラットジャーナルにまとめて広く配布する」というのはどうだろうか。

目的、成果物、成功基準をみんなが議論することによって、自分たちで考えた目標が出来上がる。この議論は1~2時間しかかからないが、効果は絶大だ。お互いに志を共有したチームワークができるのだ。

それ以外にも効果がある。開発の初期ならまだしも、開発の中盤、終盤を迎えて、プロジェクトの目的について「言った」「言わない」で揉めた経験はないだろうか。そういうことが起きると、大幅な手直しは免れない。ひどいときには振り出しに戻ることさえある。もしそれを防ぎたいなら、たった1~2時間、「目的」「成果物」「成功基準」で目標のすり合わせをしたほうがよっぽどいいのではないだろうか。

目標をすり合わせる〈ODSC〉ワークシート

プロジェクト名：

Objectives
❶目的は何ですか？

Deliverables
❷成果物は何ですか？

Success Criteria
❸成功基準は何ですか？

目標からたどって考える〈バックキャスト工程表〉

プロジェクトメンバーの間で目標が共有されたら、次は、後ろ（10年後の目標）からたどって目標達成までの道のりを描いていく。これが〈バックキャスト工程表〉だ。

建設業では「段取り八分」という言葉が大事にされていて、後ろからたどって工程表を書くことは日常的に行われている。建設業が従事するのは過酷な工事現場で、時にはたくさんの人の命が失われた災害現場に赴き、さまざまな人たちを巻き込み、仕事を進め、驚くほどの短期間で復旧させてしまう辣腕親方が全国にいる。

彼らに共通するのは、**後ろからたどって段取りを考える**ということ。段取り一つ間違えれば文字通り命取りになるという状況の中で、辣腕親方たちが取っているのが前述の方法だ。この仕事をするためには、その前にこれをやっておく必要がある、さらにそれをやるためにはこれをやっておく必要があると、後ろから段取りを考えている。

段取りの大切さを理解してもらうために、考えてほしいことがある。みなさんは、上司から「聞いてない」と言われたことはないだろうか？　その後にいくらいい提案をしても、通らなかったという経験はないだろうか？　これは明らかに話をする順序を間違えたということ。順序を間違えるだけで、取り返しのつかない事態を招く。逆に、順序さえ間違えなければ、スムースに仕事が進むことになる。

後ろからバックキャストして工程表を作るのは、目標にたどり着くのにとてもいい方法だ。先のことはわからないからと、つい目先のタスクを考えたくなるかもしれないが、そのタスクの延長線上に目標があるとは限らない。むしろ、全体の目標を見失いがちになり、あれもこれも手をつけるようになり、ムダは増えるし、仕事の質は下がるし、結果的に手直しの元になる。

確実に目標にたどり着きたければ、後ろからたどって最初のタスクまでの工程表を作るのがおすすめ。なぜならば、このプロセスを経ることで、目標にたどり着くシナリオが自然と出来上がるからだ。

辣腕親方がやっている「段取り八分」の考え方を、誰でも実践できるうまい方法がある。それが次の3つの質問に答えることだ。

❶その前にやることは何ですか?
❷本当にそれだけですか?
❸○○をしたら、△△ができるんですね?

それぞれの質問の意味を説明していこう。

①　その前にやることは何ですか?

〈ODSC〉にたどり着く前に、最後にやるタスクは何かを考えていく。シンプルな質問だが、後ろからたどって考えるのにはとても便利な質問だ。

経験のあるベテランは、後ろから考えるのが得意である一方、経験のない若手は、後ろから考えることが苦手だ。だからつい目先のタスクにとらわれてしまう。ベテランと若手が一緒になって段取りを考えることで、ベテランの段取りのノウハウが若手に伝わっていく。

それまで**ベテランの頭の中にしかなかった暗黙知が、形式知となって若手に継承されていく**。このタスクは次のタスクをやるために必要だとわかれば、一つひとつの仕事の質もおのずと上がっていき、手直しも減っていくだろう。

実は「その前にやることは何ですか?」という質問は、そのタスクをするために必要なタスクを聞いている。つまり、**必要条件を質問している論理的な質問**なのだ。

② 本当にそれだけですか?

一つのタスクを実行するために必要なタスクが一つだけとは限らない。複数のタスクが完了してこそ、次のタスクに着手できることもある。「本当にそれだけですか？」という質問を使って、このタスクだけで次のタスクが本当に着手できるかを確認する。そして必要ならば、他のタスクも挙げていくことで、スムースに次のタスクに着手できるようにする。

「本当にそれだけですか？」という質問はシンプルだが、そのタスクだけで十分なのかを聞いていることになる。つまり、**十分条件を質問している論理的な質問**である。

③　〇〇をしたら、△△ができるんですね？

後ろからタスクを組み立てて工程表を作ったら、今度は前から時系列に沿って工程表を確認していく。「〇〇をしたら、△△ができるんですね？」という質問をするだけで、仕事の手順が正しいかどうかを確認することができる。もしも、その中で抜けたタスクがあれば、それを追加していく。

お気づきと思うが、「〇〇をしたら、△△ができるんですね？」は、**因果関係で仕事の手順を確認する論理的な質問**である。

この3つの質問をすることで、出来上がった工程表のタスクとそれぞれのタスクのつながりが明確になるので、それぞれにリソースがどのくらい必要か、期間がどれくらい必要かを見積もることも難しくなくなる。

これで、〈WOW!カタログ〉を実現するための成功のシナリオが入った〈バックキャスト工程表〉が出来上がることになる。

なお、この工程表の作り方は、通常のプロジェクトでも使える。詳しく知りたい人は拙著『最短で達成する　全体最適のプロジェクトマネジメント』[60]（KADOKAWA）をご一読いただきたい。

60　ちょっと自慢話になるかもしれないが、この本はゴールドラット博士の絶賛を浴び、博士の推薦を受けて、世界各国の言葉で翻訳されている。息子のラミ・ゴールドラットによると、一日中、ゲラゲラ笑いながら、何度も何度も読み直し、何度もAHA!と叫んでいたらしい。後にも先にもこんなことはないとのこと。この本に紹介されている「会社の害虫」のマンガと多すぎる脚注が、博士の心をとらえて離さなかったらしい。つまりこの本を読む場合、本文よりもマンガと脚注を読むのがおススメということだ。

難易度の高い開発で開発期間を短縮したマツダ

世の中の既成概念を覆すエンジンでイノベーションを実現したSKYACTIVだが、このプロジェクトでも〈バックキャスト工程表〉は使われている。

最初の導入は2007年のこと。一つのプロジェクトで実証実験し、プロジェクト期間が半減したのを受けて、瞬く間にパワートレイン部門全体に広がった。現場の評判もよく、次のような声が寄せられている。

- 段取りがよくなった
- リスク管理するクセがついた
- プロジェクトメンバーとしての自覚が上がった
- やるべきことが明確になった
- コミュニケーションがよくなった
- 若手が成長し任せられるようになった
- モチベーションがアップした

- 手戻りがなくなった
- 仕事を忘れることがなくなった
- 仕事の優先順位をつけられるようになった
- 井の中の蛙にならず、全体を見るようになった
- 先手を打てるようになった
- マネジメントの判断が早くなった
- 問題を早く解決できるようになった

下の図は、開発期間短縮の効果をＳＫＹＡＣＴＩＶの開発総責任者である人見常務が公開してくれたもの。従来のエンジン開発に比べて20～30％の開発期間短縮となっている。ただし、従来の延長線上にあるエンジン改良よりも技術的な難易度がはるかに高いことを考慮に入れると、実質的な生産性は倍以上になっていると分析している。

マツダの開発期間短縮効果

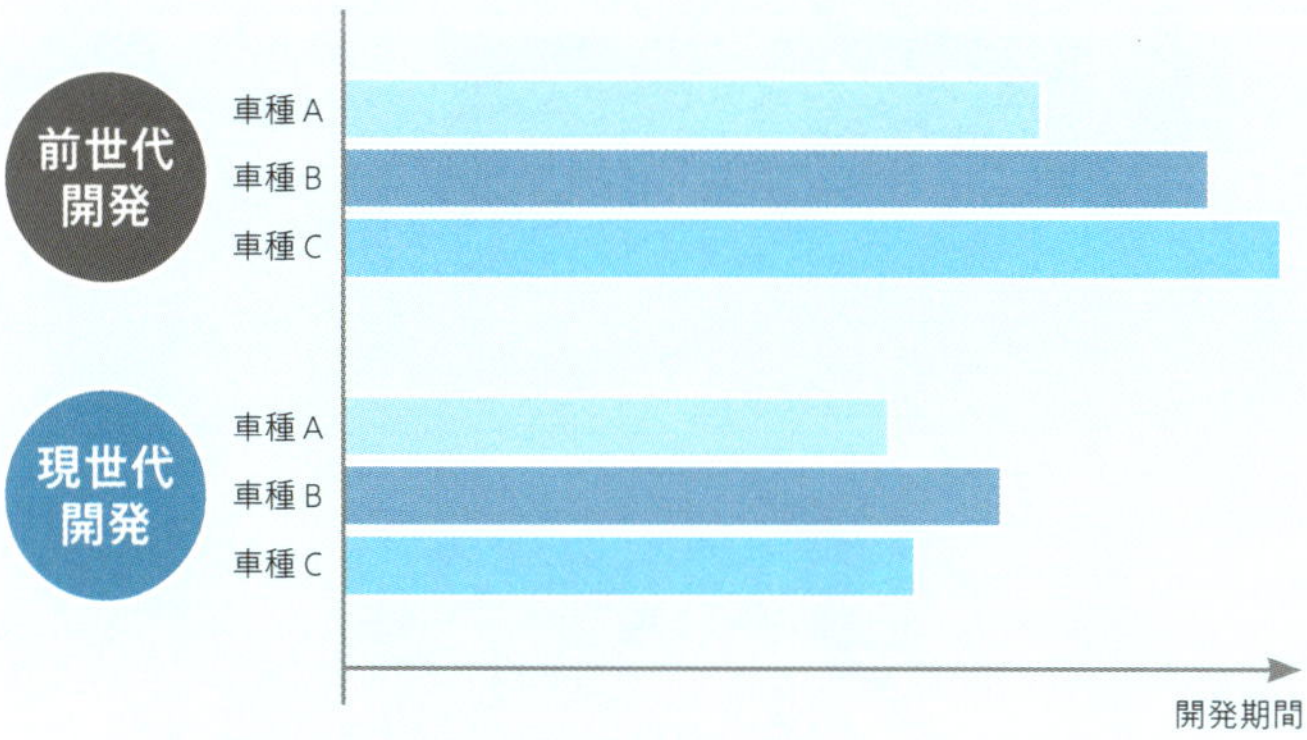

20～30％の期間短縮効果
前世代よりはるかに技術難易度が高いので、公正な比較はできない。同一条件ならば効果は倍以上となるであろう

ゴールドラットジャーナルの事例

ゴールドラットスクールでもたらされた目覚ましい事例を紹介するために、「ゴールドラットジャーナル」を発行した。今後次々と掲載されていく予定なので、ご興味がある方はウェブで「ゴールドラットジャーナル」で検索してほしい。

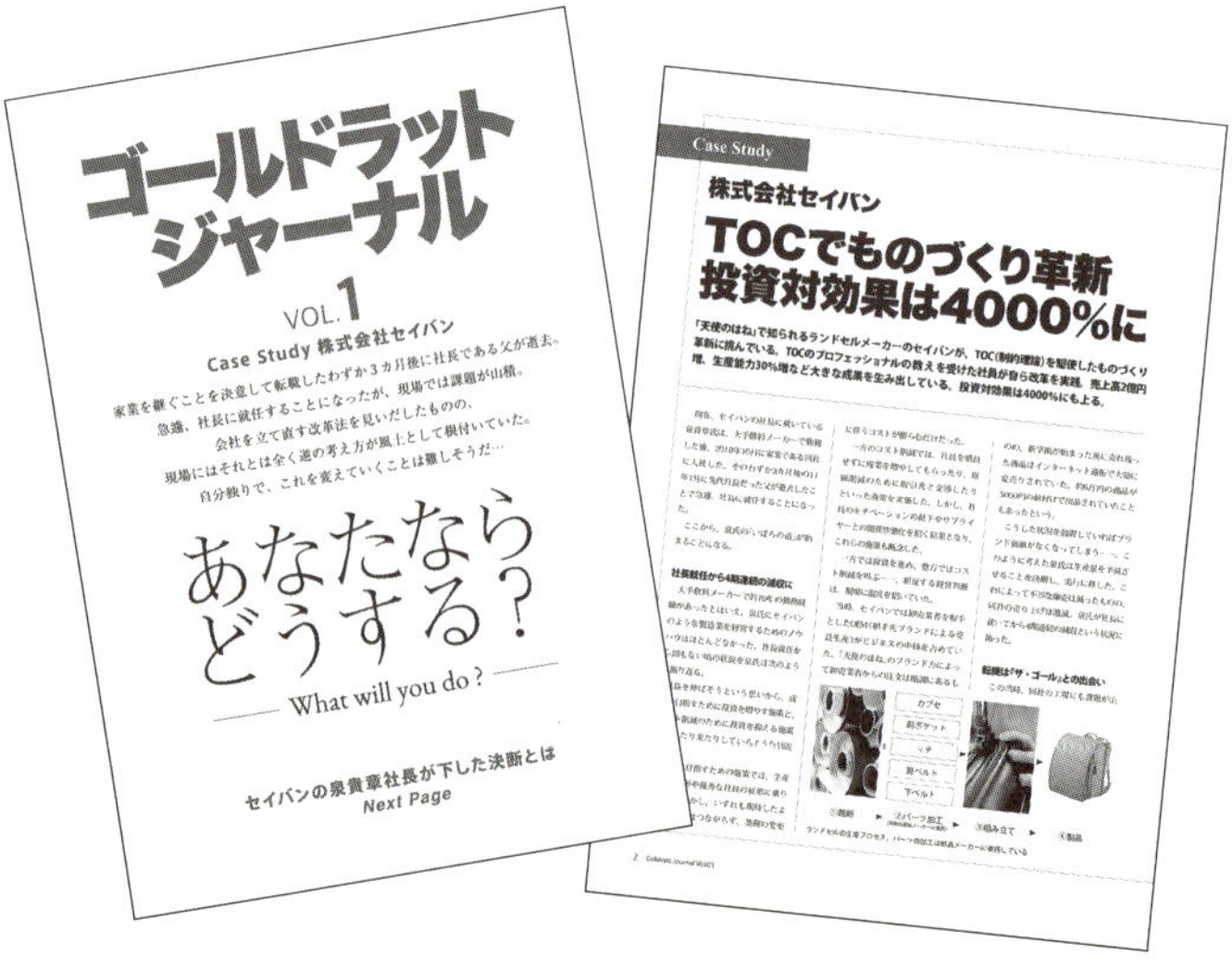
ゴールドラットジャーナル

VOL.1

Case Study 株式会社セイバン

家業を継ぐことを決意して転職したわずか3カ月後に社長である父が逝去。
急遽、社長に就任することになったが、現場では課題が山積。
会社を立て直す改革法を見いだしたものの、
現場にはそれとは全く逆の考え方が風土として根付いていた。
自分独りで、これを変えていくことは難しそうだ…

あなたならどうする？

What will you do ?

セイバンの泉貴章社長が下した決断とは

Next Page

Case Study

株式会社セイバン

TOCでものづくり革新
投資対効果は4000%に

「天使のはね」で知られるランドセルメーカーのセイバンが、TOC(制約理論)を駆使したものづくり革新に挑んでいる。TOCのプロフェッショナルの教えを受けた社員が自ら改革を実践。売上高2億円増、生産能力30%増など大きな成果を生み出している。投資対効果は4000%にも上る。

「ゴールドラットジャーナル」VOL.1の誌面イメージ

相手がYESと言わざるをえない〈断れない提案〉

●――会社にとっては大きな意思決定

イノベーションを最優先としている会社でさえ、イノベーションの提案にGOを出し、投資を決裁するのは決して小さくない意思決定である。

会社にはさまざまな組織がある。その部署を巻き込み、さらに経営幹部も巻き込み、時には投資家などのさまざまなステークホルダーも巻き込んで、イノベーションを進めていく必要がある。

〈WOW！カタログ〉や、成功までのシナリオを描いた〈バックキャスト工程表〉をもってしても、あらゆるステークホルダーがYESと言うとは限らない。むしろ

Nと言うか、情報が足りないという理由で差し戻しになる可能性も高い。[61]そうなると、次回の経営会議まで調査と資料作りに追われることになる。

決裁する側のプレッシャーも大きい。YESと言うのは責任が伴うから勇気がいるのだ。とはいえ、やる気のある人たちに対してNOと言うのは気が引けるので、つい「YESと言わない」という結論になる。つまり「先送り」だ。

「先送り」のダメージは、思ったよりも大きい。期末に「あと1週間あったら売上達成できるのに！」と思ったことはないだろうか？　わずか1週間だが、増えた分だけ売上が増えるのだから、その分業績がよくなるのは間違いない。一方で、1週間減ったらどうだろうか？　その分だけ売上が減ることになる。

意思決定を1週間遅らせることは、その商品の売上が立つのを1

風見ドリ

風向きに敏感に反応し、方向性を変えることで知られている。上を見る目線が特徴。確認トリの周囲に群れる習性がある。

週間遅らせることになる。1か月ならば、1か月分売上が減る。月に一度の経営会議に何度もかけ、意思決定に数か月かかったのならば、数か月分売上が減ることになる。一般に新商品は粗利が高いから、利益面でのダメージは深刻だ。意思決定の遅れ[62]は、売上、利益の損失につながるのだ。

相手が断るリスクを想定する〈抵抗の6階層〉

今までにないイノベーションを世の中にもたらそうとすれば、組織内のさまざまな部署や社外のさまざまなステークホルダーに協力を得ていく必要がある。そのための便利な道具がある。それが〈**断れない提案**（UnRefusable Offer：URO）〉である。

61　これを一般に「ありがたいご指導」と言うのではないかと筆者は考えている。リスクを避けようとしていることはわかるが、結論先送りにより、実はさらなる深刻なリスクを招いていることが理解されていることは少ない。

62　実際、さまざまな現場を見ていると、納期遅れの原因は、技術的な問題よりも決定の遅れが一番の理由であることが多い。その場合、問題は現場にあるのではなく経営幹部にある。イノベーション！イノベーション！と現場に訴えるよりも、経営幹部が自ら仕事の仕方をイノベーションする必要がある。「事件は会議室で起きているんじゃない。現場で起きているのだ」という名言があるが、「事件の原因は会議室で起きている」ことが多いのがイノベーションの悩ましいところだ。

〈断れない提案〉は、ＹＥＳと言わせることに重点を置くのではなく、**相手がＮＯと言う理由をあらかじめ考え、それをことごとく消してしまうことによって相手が断れない状況を作る方法**だ。

人間は、ある提案をもらうと、メリットよりもリスクをまず考えるものだ。すでに述べたように、人はトラやヒョウのような猛獣よりも弱い生き物。だから生き残るために、リスクを前もって考えることで進化したと言われている。[63] 人はメリットを考えるよりもリスクを考えるほうが得意なのだ。

リスクを考えてネガティブなことを言う相手は、提案に抵抗しているように見えるかもしれないが、それは大きな間違い。**本気でやることを考えていなければ、リスクを考えることはできない。本気でやることを考えている人は、抵抗勢力ではなく応援勢力なのだ。**

そのリスクはまだ起きていないこと。それをあらかじめ消しておけば、想定したリスクは実際には起きなくなる。それどころか、リスクを解消した分だけうまくいく可能性が高まる。つまり、相手の抵抗をあらかじめ想定し、準備しておけばいい。そのための便利なツールが〈抵抗の6階層〉というツールだ。

❶ 取り組もうとしている問題が問題とは思えない
❷ 解決しようとしている方向性に合意しない
❸ その解決策で、問題が解決するとは思えない
❹ その解決策を実行すると、ネガティブな問題が発生する
❺ その解決策を実行するのは、障害があるので現実的ではない
❻ 知らないことに対する恐れがある

それぞれの詳細を説明していこう。

① 取り組もうとしている問題が問題とは思えない

我々が解決しようとしている問題を相手は正しく認識しているだろうか。多くの

63 これは京都大学の山極寿一総長から教えてもらった。詳しくは、『ヒトの心と社会の由来を探る』（高等研選書27）の40ページをご覧いただきたい。『ゴリラからの警告』（毎日新聞出版）もチョーおススメ。人の本質を考えるのにサイコーの本です。

場合、相手があなたの提案を聞くのは初めてである。そう考えると、相手が自分と同じ問題認識を持っていると考えるのは無理があるだろう。

あなたの解決したい問題が世の中で長年未解決の問題であれば、「それは仕方がないもの」と問題が問題として認識されず、「避けられない現実」として認識されていることも多い。問題に対してあなたと同じ認識を持ってもらわなければ、提案の価値がわかるはずがない。

例えば、経営コンサルティングの仕事について、ここで考えてみたい。[64]世間一般から見ると、コンサルティングには次のような問題がある。

- コンサルティングの価格が高い
- 投資対効果が明確ではない
- 理論というよりも理屈を説かれる（実践的でない）
- 成果を出すまでに時間がかかりすぎる
- 報告書にお金を払っている？

● できれば自分たちでやりたい

コンサルティングにはお金が必要だし、成果物は分厚い報告書というのがコンサルティング業界の常識だ。でも、本当はそれこそが問題ではないだろうか？　ここで相手に代わって、相手の問題を認識していることを示すことが大事である。このプロセスで、相手に代わって、相手の問題を考えることは、相手の立場になって考える人材育成にもつながっていく。[65]

②解決しようとしている方向性に合意しない

問題が明らかになったら、あなたの解決策をすぐに紹介したくなると思うが、それには大きなリスクがある。実は、相手は「望ましくない状況」があることに同意してくれただけで、「望ましい状況（その問題をどういう状況にしたいのか）」に合

64〈断れない提案〉は会社のコア戦略が入ってしまうことが多く、クライアントの実例は守秘義務の関係で公開できないので、自社の事例となっていることをお許しいただきたい。
65 あるソリューションベンダーで行ったワークショップで笑えない話がある。相手の問題を挙げてもらおうとしたら、まったく出てこないのだ。なのに「ソリューションは何ですか？」と聞いたら、立て板に水のごとくすらすら出てくる。お客様の問題がわからないのにソリューションだけがある。お客様の問題はお構いなしに、自分の商品を売り込んでいる営業のことを「押し売り」と言うのではないだろうか。

意したわけではないのだ。相手の「望ましくない状況」に対症療法で解決策を示しても、モグラたたきになるだけで、「望ましい状況」になるとは限らない。つまり、相手の「望ましい状況」が達成されない限り、問題は解決したとは言えないのだ。

先ほど議論したコンサルティングの「望ましくない状況」について、「望ましい状況」を考えてみる。

- 期待できる金額効果に比較して、投資が圧倒的に少ない
- 投資対効果がお金（ＲＯＩ）で明確になっている
- 科学に基づいた実践的な理論で成果を出す
- 驚くほどの短期間で投資が回収できて、ずっと高い利益率が続く
- 報告書ではなく、金額の効果に対してお金を支払う
- 自社の人材が驚くほど短期間で育ち、自分たちでできるようになる

こうして「望ましい状況」をまず定義し、相手がそれに合意してくれるならば、解決の方向性についても合意してくれたことになる。解決策を提示する前に「望ま

しい状況」を提示することには、もう一つ大きなメリットがある。お客様の期待値を事前にすり合わせることができて、次に提示する解決策のスコープが絞れるのだ。

③ その解決策で、問題が解決するとは思えない

お客様が「望ましい状況」について合意してくれたなら、解決策を提示する準備が整ったことになる。②で挙げた「望ましい状況」を我々の解決策がカバーしているか確認しながら解決策を検討していく。

先ほどの経営コンサルティングの「望ましい状況」を達成するための手段について考えてみると、次のようになる。

- 予算不要。コンサルティングが自らのフィーの原資を創り出し、成果として増加したスループットでフィーを支払うセルフファイナンス
- 業績を上げ、社員の方々のボーナスを上げることに集中する
- 従業員のボーナスを上げられたら、コンサルティングにもボーナスを払う
- コンサルタントがリードするのではなく、クライアントに知識を移管して、自分

たちでできるようにする

- 契約解消はいつでも可能

『ザ・ゴール』に書かれているような破綻寸前の会社をなんとかするのは、小説の世界ではなく我々の現実である。こういう状況では、クライアントはフィーを支払う余裕さえない。そういう危機的な状況でもクライアントを支援し成果を出せるように、ゴールドラット博士が考え出したのが、コンサルティングフィーを自ら創り出すセルフファイナンスであった。

④ その解決策を実行すると、ネガティブな問題が発生する

どんなに優れた薬でも副作用が大きければ、いい薬とは言えない。同じように、どんなに優れた提案でもリスクが大きければ、いい提案とは言えない。

『ザ・ゴール　コミック版』（ダイヤモンド社）の1シーン

例えば、いい提案だと思って少し懸念を感じながらもやってみたところ、思ったような成果が得られずに痛い目に遭った。こうした経験を今まで二度や三度はしているのではないか。**人はいい話ほど「どこかに落とし穴があるのではないか?」と考えるもの**である。ならば、相手に代わって、相手の懸念事項を前もって提示し、その解消策も提示したらどうだろうか。

相手にわざわざリスクを伝えるのは気が引けるかもしれない。でも、提案される側の立場になって考えてみよう。**いいことばかり言ってくる提案者と、リスクまで前もってしっかり考えてその解消策を提示してくれる提案者、どっちを信頼するかは明らかであろう**。リスクを前もって話すことで、「そこまで私の立場になって考えてくれたのか!」と感激されることも珍しくない。

さて、先ほどのゴールドラット博士が考え出したセルフファイナンスだが、あまりに話がうますぎると警戒されることが多かったのは事実である。そこで、契約書に明示したのは「契約解消はいつでも可能」という条件だった。時間ばかり使って何も成果が出ない場合でも、契約はいつでも解消できるということで、相手のリスクはほぼ解消されることになる。

一方で、ゴールドラット側のリスクがクライアントに比べて大きすぎるのではないかと思われるかもしれない。これだけいい条件ならば、クライアントが殺到するのではないかという懸念が常につきまとうのも事実である。そのため、クライアントの経営状況の深刻度、マネジメントチームのコミットメントなどを精査し、この条件を適用するのはごく限られた苦境の会社のみとすることになった。

また、従業員のボーナスが上がった場合は我々にもボーナスが支払われるが、その寸前に契約が解消されてしまうのではないかという懸念もあった。それについては、契約前にクライアントの信頼性を精査するとともに、契約を継続すればさらに大きな成果がもたらされることを数字で示せばマイナスを消せるだろうということで、常に投資対効果をロジカルに数字で示すプロセスをプログラムに入れることにした。

さらに、何らかの事情でクライアントの経営陣が変わったり、我々の目利きが悪くクライアントが本気で取り組んでくれないことも想定して、我々からも契約を解消できることを契約書に盛り込むことにした。

⑤ その解決策を実行するのは、障害があるので現実的ではない

ここまでメリットが大きくリスクが少なければ、相手がNOと言うのは難しいと思われるかもしれないが、ここからが一番難しいのが現実だ。

提示される案は、今まで世の中にない画期的なものであるはず。だから、実行に立ちはだかる障害はつきものである。一般に、**提案がイノベーティブであればあるほど、周囲に理解してもらうのは難しい。それが障害となるのだ**。

考えてみてほしい。あなたが提案する相手は、その場でYESと言えるだろうか。提案する規模が大きければ、相手は上司や経営者などと相談し、コンセンサスを取っていく必要があるのではないだろうか。説得している相手が、実は本当の意思決定者でないことは多い。すると相手を説得したつもりでも、相手が社内のステークホルダーを説得できず、YESが勝ち取れない場合も少なくない。

この場合、**あなたが説得すべき相手は、相手の相手、すなわち相手の背後にいる意思決定者となる**[66]。実際に会えないことも多い真の意思決定者をいかに説得するかがポイントとなるのだ。それは難しいと思うかもしれないが、実はこの〈断れない提案〉を使うことで、意外にカンタンに実践できる。

相手は真の意思決定者を説得しなければならないのだから、真の意思決定者の立場になって、〈抵抗の6階層〉に沿って〈断れない提案〉を作っていけばいい。実際に会う相手には、「提案」ではなく「相談」として持っていくのがキモだ。提案だと相手も構えてしまい内容を精査するようになる。でも**「相談」として持ち込めば、相手も相談に乗る姿勢で議論が進む**だろう。

あなたが会う相手は一緒に問題を解決したい同志のはず。だから真の意思決定者を説得するために一緒に考えることも可能なのだ。相手の相手の立場になって考え抜いた〈断れない提案〉のドラフトとして持っていき、相手と相談しながら、意見を取り込んで修正する。それにより、その〈断れない提案〉は相手自身も参加した

〈断れない提案〉となっていく。相手がさまざまなステークホルダーに相談を持ちかけるたびに、応援者が増え、実行に対する障害が消えていく。

先ほどのコンサルティング契約の場合も同様で、ドラフトとして持っていき、よりよい契約を一緒に作り込むという姿勢で、相手と一緒に考える中でチームワークができてくる。また、そのプロセスで作られた〈断れない提案〉は、組織のステークホルダーに相談を持ちかけるたびに、応援者が増えるような提案になっていく。

⑥ 知らないことに対する恐れがある

ここまでくればもう万全と思われるかもしれないが、今まで世の中になかったことに挑戦する第一歩を踏み出すには勇気がいることを忘れてはならない。だから第

66 私の暗い幼児体験を暴露しよう。親父は当時羽振りがよく、クルマを買おうとまだ小学生だった私を「クルマを買いにいくぞ！」と連れて行った。その場で、一番カッコいいクルマを買うことに決めて、手付金を払って意気揚々としていた。子どもながらにカッコいい！と思ったものである。でも、家に帰ってからが大変だった。親父がお袋に「クルマを買ってきたぞ！」と言った瞬間にお袋の顔色が変わり、「なんで私に相談しなかったの？」と聞かれて親父が青ざめたのを今でも覚えている。親父は即座にディーラーに断りの電話を入れて、その後数年間はクルマを買うことはなかった。家庭内で、誰が本当の意思決定者か理解した瞬間であった。

抵抗の6階層で考える〈断れない提案〉ワークシート

	相手の抵抗は何か	抵抗を乗り越えるために何を準備すべきか
抵抗1 取り組もうとしている問題が問題とは思えない		
抵抗2 解決しようとしている方向性に合意しない		
抵抗3 その解決策で、問題が解決するとは思えない		
抵抗4 その解決策を実行すると、ネガティブな問題が発生する		
抵抗5 その解決策を実行するのは、障害があるので現実的ではない		
抵抗6 知らないことに対する恐れがある		

一歩を踏み出すにあたり、相手にとってリスクがきわめて少なく、メリットが大きい第一歩を準備することが大事になる。

先ほどのコンサルティング契約の場合、第一歩は「社内のステークホルダーを集めていただければ、ゴールドラット博士の無料セミナーを開催して相談に乗りますよ」というものだった。世界的なベストセラー作家で、さまざまな分野で目覚ましい成果を上げているゴールドラット博士が自ら赴き無料セミナーを行うのだから、リスクは少なく、メリットはきわめて大きいことがおわかりだろう。

大きな飛躍も、まずは小さな一歩から始まる。しかも、最初の一歩のリスクが小さくて、メリットが大きいならば、相手も試してみたくなるものだ。

開けても閉めても心地よい窓を開発したＬＩＸＩＬ

窓は、家の外と内側をつなぐ機能を持っている。想像してみてほしい。家に窓が一切なかったらどうだろう。閉鎖的で窮屈で、居心地がいい空間とは言えないだろう。窓こそが、家に心地よい空間をもたらしている。ＬＩＸＩＬが開発したのは、そうした心地よさを極限まで追求した商品で、窓を開けたときの開放感を閉めているときにも実現した夢のような窓である。

サッシなどの住宅設備は、ユーザーが直接購入する商品ではなく、流通店や住宅施工会社を通して購入する商品である。そのため住宅施工会社がどの商品をユーザーに提案するかが、購入の決め手となることが多い。機能に大きな差がなければ、ユーザーは価格が安いものを選ぶ傾向にあり、結果的に価格競争に陥りがちだ。典型的なレッドオーシャン市場と言える。

このような市場環境の中で、ユーザーにも流通店にも住宅施工会社にも、WOW!と言わせるブレークスルーの商品は何か。それをE4Vのプロセスを通じて考え抜いて開発されたのが「TOSTEM LW」である。

LIXILでワークショップが始まったのは2017年6月のこと。新しい商品は商品企画や開発が創るものという既成概念を打ち破り、営業、広報、調達、生産、物流からメンバーが集まり、組織横断的なワークショップを行った。そして1日のワークショップが終わるころには〈WOW!カタログ〉のドラフトが出来上がった。

サッシにはガラスをはめる桟があるのが常識だが、桟が見えると部屋の開放感を損ねてしまう。そこで、桟がまったく見えないサッシで、「リビングに外とつながる開放感」という新しい価値をもたらす、今までにない商品コンセプトが生まれた。

しかし、ここで大きな課題が判明した。実際にカタログにしてみると、窓を開けているときと閉めているときの違いがまったくわからない。つまり、画期的な価値なのに、ユーザーや住宅施工会社にその価値がなかなか伝わらないということ。

ここで力を発揮したのが〈市場の教育〉の6つの質問。このプロセスでみんなが考え出したのは、逆転の発想。開けても閉めても違いがないという写真を活用し、「窓を開ければ、外と内が一体化する心地よさ」「窓を閉めていても、外と内がつながる心地よさ」というキャッチコピーをそれぞれの写真に添えることによって、「えっ、何それ!?」とユーザーや住宅施工会社に価値が伝わるように工夫したのだ。

今までになかった窓なので、技術的な課題もあった。今までよりもはるかに大きな窓ガラスを、普通のサッシのように簡単に動かせるようにする必要がある。ガラスの面積が倍になれば、重さも倍になる。それをどうすればスムースに動かせるのか。

この課題を克服できれば、商品化がグッと近づくだけではなく、競合への参入障壁にもなる。これさえ解決すればＷＯＷ！と言ってもらえるとわかれば、技術者の力も集中できるもの。実現に向けて、みんなの志が詰まった〈ＯＤＳＣ〉と〈バックキャスト工程表〉をみんなで作成し、結果、かつてない短期間で開発が実現、ユ

「TOSTEM LW」のキャッチコピー

CLOSED
閉じてよし
窓を閉めていても、
外と内がつながる心地よさ

OPEN
開いてよし
窓を開ければ、
外と内が一体化する心地よさ

閉じてよし、 開いてよしの、 心地よい空間を作る窓ーザーも住宅施工会社もＷＯＷ！と言うヒット商品となったのだ。[67]

１００万円近くする高額商品なのに、想定よりもはるかに大きな売上を上げているのには理由がある。理想のくらしを手に入れるための大規模なリフォームにかかる費用が１０００万円はくだらないのはテレビ番組などでご存じの通り。それが、およそ10分の１の費用で理想のリビングが手に入る。[68]家の中でもっとも長い時間を過ごすリビングを変えるということは、理想のくらしを手に入れる近道となる。

「Link to good living」はＬＩＸＩＬのブランドステートメントである。気がついてみれば、この活動はＬＩＸＩＬの企業理念をイノベーションプロセスで体現する活動だったのだ。とはいえ、これはまだスタートにすぎない。彼らは〈ＷＯＷ！ロードマップ〉に基づき、次の、そしてさらに次のＷＯＷ！商品に向かって開発を進めている。これからが本当に楽しみである。

67：あまりにカッコいいので、ＷＯＷ！と言ってしまって、家をリフォームして導入したワタクシである。
68：実際、筆者の家で取り付けたのは、ＬＩＸＩＬでできる最大サイズなのに施工も含めて１００万円をはるかに下回るものだった。

日本の伝統産業に革新を起こした京都きものルネッサンス

Ｅ４Ｖは企業のみならず、さまざまな分野で活用されている。その一つが伝統産業のイノベーションに挑戦している京都きものルネッサンスである。

大正時代や昭和の初めまでは、着物は日常的に着られるものだった。ところが、現在では着物を着ている人を見かけるのが珍しく思えるほど、着物の需要は減少している。需要の減少は伝統産業に深刻な影響をもたらす。それはすなわち、伝統技術が途絶えてしまうということである。

京都はもともと着物の産地でもあり、大阪の「食い倒れ」に対して、京都の「着倒れ」と言われるほど、着物にお金をかけ、粋を競う土地柄として知られていた。しかし今では、その京都でさえ、着物は結婚式、成人式、茶席など特別な行事でしか着られないようになっている。高額の着物を購入してくれる富裕層が高齢化し、需要の減少がさらに加速し、それが伝統技術の需要の減少につながっている。

将来に明るい展望が描けない危機感の中で、京都の着物産業に関わる経営者有志が集まり、ワークショップを行ったのは２０１６年7月30日のこと。忙しい経営者が集まれるのはわずか半日。その中で〈ＷＯＷ！カタログ〉を創ることにチャレンジしたが、結果は筆者の想像をはるかに超えるものとなった。

ワークショップではまず、マイナス・マイナスの「顧客の目」でさまざまなマイナスを考えた。その中でもっとも大きなマイナスは、着物は着るのが難しいということ。しかも、おかしな着方をしていると、伝統と格式を重視する方々から白い目で見られてしまう。着物は一般の人々にとって敷居が高く、それを解消すればＷＯＷ！となるのは明らかだという話になった。

京都きものルネッサンスのワークショップの様子

次にプラス・プラスの「市場の目」で考えていくと、面白いことがわかった。テールユーザーの中には、着物の伝統的なしきたりなど気にせず、着物をファッションとして楽しんでいる人たちがいる。しかも彼らは、ヨーロッパのハイファッションブランドなどを普段着ている、ファッションリーダーとも言える人たちである。

その方々が満たしたい要望は何かを考えると、パーティーなどに行っても着物は誰ともかぶらないし一番おしゃれだから、と考えていることがわかった。テールユーザーは、「着物は一番おしゃれ」という価値を感じていたのだ。それを裏づけるように、ヨーロッパのハイファッションブランドでも着物の生地が次々に採用されていることもわかった。

さらに「商品の目」で振り切った発想をしてみる。着物に関わるパラメータはさまざまだが、その中でもっとも盛り上がったのは、圧倒的に着崩すというアイデアである。実は、これは新しいことではなかった。「着倒れ」と言われた時代には、表地は伝統的に見えるのに、裏地にはとんでもない柄をつけたりして、競って自由に着崩していた。それがおしゃれと思われていたのだ。たった150年前のことである。

今の着物の主流の着方は、新橋の芸者さんが太鼓帯という着方をして、それが全国にはやったもの。今の着物は伝統と思われているが、実はそれは150年の期間にすぎない。[69] それ以前のはるかに長い期間には、自由におしゃれに着る伝統があったのだ。

これらの話し合いから生まれたのが〈WOW!カタログ〉だ。着物のデザイナーさんも参加していたので、カタログはすぐに出来上がった。しかし、ここで不思議なことが起きた。そのカタログを見た参加メンバーは、WOW!と盛り上がるどころか、一様に表情を曇らせたのである。

その理由は、次の議論で明らかになった。〈市場の教育〉の最初のプロセス〈変化の4象限〉を使って、相手の立場になってプラスとマイナスを考える中で、次のような懸念が相次いで出されたのである。

京都は、創業数百年は当たり前の老舗の町で、伝統と格式を重んじる文化がある。そして、老舗の経営を切り盛りしているのは、80歳をゆうに超える大旦那さんである[70]。60代はまだまだ若造と言われる文化の中で、メンバーは重鎮の大旦那たちをいかに説得するか見当がつかなかったのだ。彼らの最大の懸念は、大旦那さんたちが、この活動が伝統と格式を破るものと考え、変化に抵抗するというものだった。

しかし、〈変化の4象限〉で明らかになったマイナスは、まだ起きていないこと。今からそれを解消しておけば、問題は起きなくなる。メンバー一同で頭をひねった解決策は、とてもシンプルなものだった。それは、この活動がまさに京都の伝統と格式を取り戻すものだと説明することだった。「京都きもののルネッサンス」は着物の大政奉還で、京都に着物の伝統と格式を取り戻す活動として位置付けることになった。

69. 京都の方々の期間のスパンは長い。なんせ先の戦争と言えば「応仁の乱」と普通に答える方々がたくさんいる土地柄である。

70. そういう大旦那の遊び方が実にカッコいい。京都の花街、いわゆる一見さんお断りのお店でさっそうと粋な遊び方をする。そういう方々のようになれたらと、夜な夜な京都花街で修行をしている毎日である。

後になってわかったことだが、こうした位置付けがもたらしたメリットは大きい。「京都きものルネッサンス」という名前を冠することで、京都の大旦那さんたちの協力が得られたばかりか、伝統産業に関わる人たちが新たに参加することにつながっていったのだ。

〈市場の教育〉の6つの質問の中の「価格の比較基準」で明らかになったことが、さらにメンバー一同をどよめかせた。それは、ヨーロッパのハイファッションブランドの価格と比べれば、着物はむしろ安いということ。しかも、着物を身にまとうインパクトは大きい。つまりハイファッションブランドを着ている人は、すべてターゲットユーザーである可能性が高い。この話し合いで、膨大な未開拓の市場が

華やかでおしゃれ、しかも自由な着方を競う浴衣宴遊会の様子

目の前にあったことが明らかになったのだ。

京都の街並みを見ると、着物を着ている外国人が目立つ。中には、レンタルの安い着物など興味も示さず、本物の着物を求めてお店に来ている外国人もいる。一同が膨大な市場の可能性がすでに裏付けされつつあることに気がつき、どよめいたのは言うまでもない。

それを考えると、参加メンバーは京都だけに絞るのはもったいない。日本全国、海外からもメンバーに参加してもらってもいいのではないかという話にもなった。

その動きは行政の支援を得て、さらに京都府北部の丹後にまで広がる。丹後は、丹後ちりめんで知ら

丹後で行われたワークショップの様子

れる着物の産地だが、需要の衰退とともに伝統の匠の技が途切れてしまうという危機感から、E4Vのワークショップを行った。行政メンバーも一体となって議論して描かれた10年後の丹後の未来は、一同をWOW！と言わせるものであった。「京都きものルネッサンス」の活動はまだ緒についたばかりであるが、今後が本当に楽しみである。

着物はきちんと着なければいけないという既成概念から解き放たれたことは、筆者にも大きな影響を与えた。海外で講演した際に、試しに着物で登壇してみたのだ。まさにインパクト絶大。国際会議のパーティーでも話題の中心となり、多くの方々から一緒に写真を撮ってほしいとせがまれたのには驚いた。日本の文化バンザイ！である。

＊　＊　＊

この本で紹介した事例は、我々が取り組んでいるプロジェクトのほんの一部。イノベーションという性格上、クライアントの機密情

1000名の聴衆を集める国際会議で着物で講演する筆者

報に属することもあり、進行中のプロジェクトについてはオープンにすることは叶わない。しかし、その商品がリリースされるたびに、「ＴＯＣクラブ」という無料セミナーで公開していく予定である。[71]

71 岸良の「座布団制度」というのがある。笑点に倣ったものだが、座布団10枚を集めると、日本最後の秘境「京の奥座敷」にご招待というものだ。この本を読んで、イノベーションで目覚ましい成果を上げた方に座布団10枚を進呈して、「京の奥座敷」にご招待して一緒に祝えたらとひそかに夢見るワタクシである。座布団が欲しい人は、ぜひＴＯＣクラブに連絡してほしい。

まとめ

プロセスさえあれば、誰でも世界を変えるイノベーターになれる!

イノベーションの制約とは何だろうか?

あらゆる仕事に流れがあるのは言うまでもない。イノベーションも例外ではない。あなたの会社のイノベーションプロセスの流れはよいだろうか? 悪いだろうか? そのプロセスにあるさまざまな関門は、イノベーションの流れを堰き止めていないだろうか?

我々がここまで議論してきたのは、単にイノベーションを起こす方法論ではない。イノベーションの流れの滞留を引き起こしている障害を解消し、イノベーションプロセスを革新することなのだ。

一発のヒットにも価値はあるが、次々とヒットを出せる仕組みのほうが、より大きな価値がある。世の中の技術の進化は速く、世の中がますます複雑になるにつれて、ひと握りの天才だけでイノベーションを起こすのは困難になっている。そういう中でさまざまな人たちを巻き込み、知恵を結集しながら進めるプロセスこそが、イノベーションを加速するのではないだろうか。

「イノベーションを起こすには天才が必要だと思ってませんでしたか？[72] でも、これからは違います。プロセスさえあれば、誰でも世界を変えるイノベーターになれるんです！」

「天才を雇う」のか、それとも「天才のように考え、価値を創る組織を創る」のか、どちらがいいだろうか？　それがこの本で筆者が読者の方々に問いかけている質問なのだ。

72 世の中にはイノベーションを次々と起こす天才も確かにいる。でも、その人を雇うコストは、どのくらいかかるだろうか。それよりも会社のゴミ箱から光るモノを見つけ出し、手っ取り早くイノベーションを起こしながら、組織の未来を担う人財を育成したほうがよいと思うのは私だけだろうか？

今まで公開されていなかったＴＯＣイノベーションプロセス「Ｅ４Ｖ」を世界に先駆けて日本で出版したのは、日本がイノベーションにおいて世界のモデルとなるようにしたい！　そういう思いが筆者にあったから。

そういう気持ちになれたのは、振り切った未来を描き、イノベーションを次々と実現しているマツダのみなさんから、日々強烈な刺激をいただいているおかげである。本当に心から感謝している。

事例を公開してくれたパナソニック、トヨタ自動車、ＬＩＸＩＬ、京都きものルネッサンスのみなさんにも感謝したい。この本が人財育成にも役立つという感想を読者が持たれたのなら、それはすべてトヨタ自動車元技監の林南八氏のご指導のおかげであ

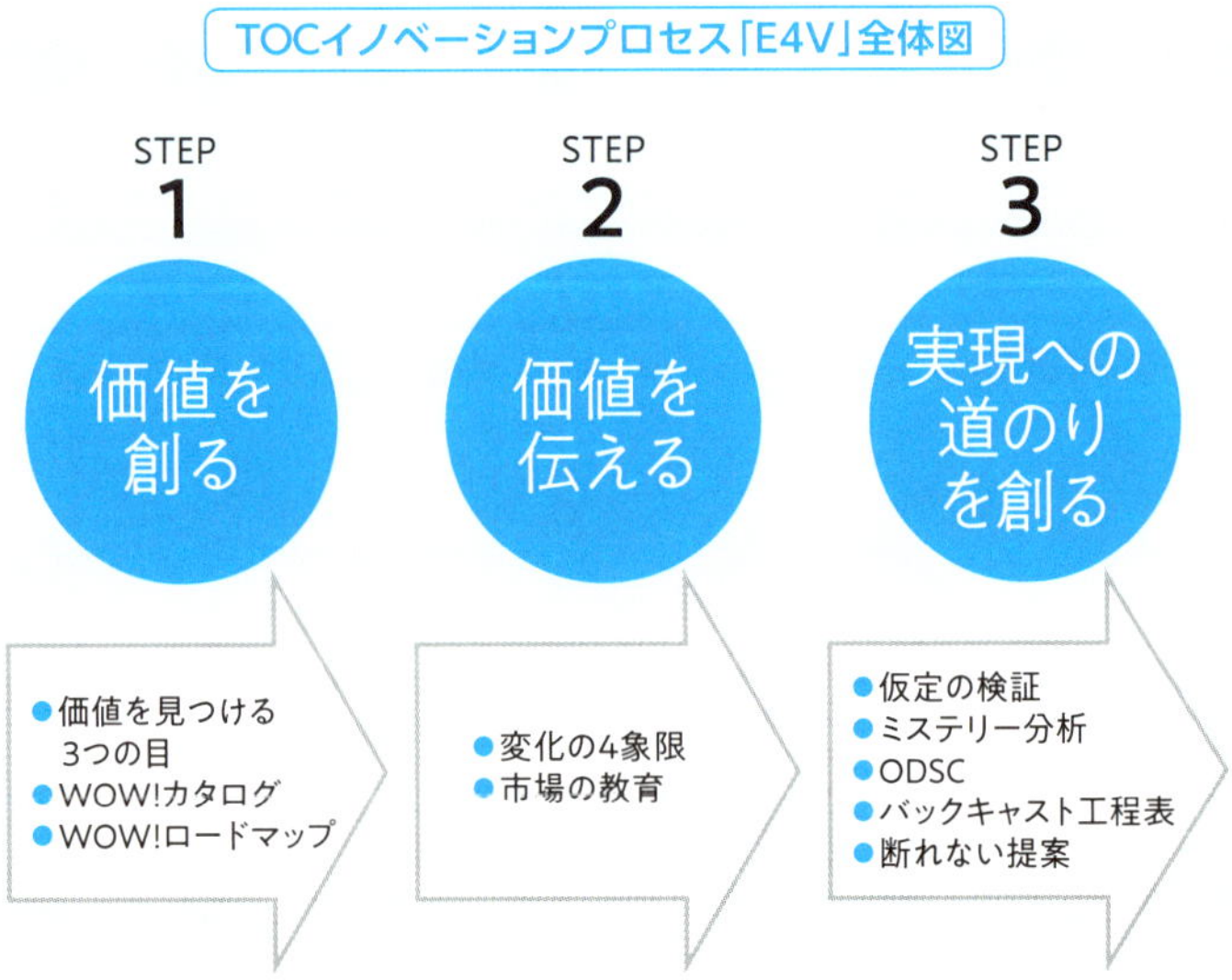

り、心から感謝している。この本を書くにあたり、一緒にプロセスを開発したRami Goldratt、Yishai Ashlag、そして、実務でプロセスを磨き上げ、次々と目覚ましい成果を出すゴールドラットジャパンのメンバーに感謝したい。

私の本の魅力は何といっても魅力的なイラストである。最愛の妻でもある絵本作家のきしらまゆこの本の魅力は温かい読後感。私の場合は、ワクワクする読後感を出したいと願っているが、もしもみなさんがそう感じてくれたら、それは妻のおかげであると感謝している♡

岸良裕司

参考文献

『ザ・ゴール』エリヤフ・ゴールドラット著、ダイヤモンド社
『ザ・ゴール　コミック版』ダイヤモンド社
『ザ・ゴール2　思考プロセス』エリヤフ・ゴールドラット著、ダイヤモンド社
『ザ・ゴール2　コミック版』ダイヤモンド社
『ブルー・オーシャン戦略』W・チャン・キム、レネ・モボルニュ著、武田ランダムハウスジャパン
『プレミアムジャパンを世界に向けて』自動車技術 Vol.68、人見光夫著、2014年
『ロマンとソロバン―マツダの技術と経営、その快走の秘密』宮本喜一著、プレジデント社
『豊田喜一郎　夜明けへの挑戦』木本正次著、人物文庫
『「よかれ」の思い込みが、会社をダメにする』ダイヤモンド社、岸良裕司著
『ヒトの心と社会の由来を探る』山極壽一著、高等研選書27
『ゴリラからの警告』山極寿一著、毎日新聞出版

『ヒトは食べられて進化した』ドナ・ハート、ロバート・W・サスマン著、化学同人
『予想どおりに不合理』ダン・アリエリー著、早川書房
『最短で達成する　全体最適のプロジェクトマネジメント』岸良裕司著、KADOKAWA
『知らないからできる』岸良裕司、尾関克巳、岡本崇史著、PHP研究所
『バランス・スコアカード』ロバート・S・キャプラン、デビッド・P・ノートン著、生産性出版
『全体最適のマネジメント理論TOC：科学的理論を定義する「仮説の論理構造」とよりよい社会への可能性』IEレビュー301号、岸良裕司著
『過剰管理の処方箋』金井壽宏、岸良裕司著、かんき出版
『ザ・チョイス』エリヤフ・ゴールドラット著、ダイヤモンド社

〔7〕野家啓一『科学哲学への招待』ちくま学芸文庫、2015年
〔8〕Yasuda, E and Tobita, M: “How to Make Ordinary People Achieve Extraordinary Performance” -TOCfE Japan Now and into the Future- TOC-ICO international conference, 2016
〔9〕岸良裕司『考える力をつける3つの道具』ダイヤモンド社、2014年
〔10〕エリヤフ・ゴールドラット『ザ・チョイス』ダイヤモンド社、日本語版への序文、2008年
〔11〕Goldratt, E: “The Choice” North River Press, 1984

とも少なからずあるのではないだろうか。人や組織を扱う社会科学という領域において、科学的再現性で考えた時、自然科学ほどの再現性がある理論と言えるレベルのものは少ないのが現状とも言える。

前述したように、科学的理論は完全に正しい理論として確立されることはなく、常に「暫定的仮説」の身分にとどまる。ここで紹介した「仮説の論理構造」も同様に暫定的仮説であるが、仮説の論理構造をシンプルに解き明かすのに十分実用的な機能を果たすと考え、「仮説の論理構造」が社会学を再現性のある科学として、自然科学と同じように進化させ、よりよい社会を創っていく一助になればと願っている。

最後にゴールドラット博士が『ザ・ゴール』の出版に合わせて1984年に書いた序文を引用して、この論考の締めくくりとしたい。

> 最終的に、そして最も大切なことは、我々は皆すばらしい科学者になれるということを示したかったのだ。すばらしい科学者になる秘訣は脳力（知力）にあるのではない。脳なら皆ある。我々はただ現実を直視して、その現実を論理的にかつ正確に思考しなければならないだけなのである。
>
> 肝心なのは、我々が見ているものと導きだす結論と、実際に何が行われているかの間の矛盾を直視する勇気を持つことである。基礎となる仮定を疑うことが、ブレークスルーに必要なのである。
>
> 理解の進行には、世の中がどうなっていて、なぜそうなっているかの基礎となる仮定を疑うことが必要だ。我々が世の中とその原理をより理解することができれば、我々の人生はよりよいものとなるであろう。
>
> エリヤフ・ゴールドラット『ザ・ゴール』1984

参考文献

〔1〕Goldratt, E: “The Goal: A Process of Ongoing Improvement” North River Press, 1984
〔2〕エリヤフ・ゴールドラット『ザ・ゴール2　思考プロセス』ダイヤモンド社、2002年
〔3〕岸良裕司『全体最適の問題解決入門』ダイヤモンド社、2008年
〔4〕エリヤフ・ゴールドラット『何が、会社の目的を妨げるのか』ダイヤモンド社、2013年
〔5〕大野耐一「儲けるIEの実践」1984年11月29日講演ビデオ
〔6〕Popper, K: “Science: Conjectures and refutations” 1957

強固な土台は次の飛躍のための土台として考え、知識を進化させていくために「わかっているとは決して言わない」という姿勢は科学者には不可欠な姿勢とも言える。

ゴールドラット博士は4つの障害を乗り越えるために、以下の4つの信念を生み出した。

- ・ものごとは、そもそもシンプルである
- ・人はもともと善良である
- ・ウィン・ウィンは常に可能
- ・わかっているとは決して言わない

お気づきになると思うが、**4つの信念は科学者のように考えるための心構え**なのである。この心構えをベースに4つの障害を乗り越えると、明晰に考える力は強くなり、失敗からも学び続け、あらゆる機会がチャンスとなり、人と協力する力もついてくる。この結果、有意義な結果が得られることになる。それは、充実した人生を過ごすことにもつながるのではないだろうか。ゴールドラット博士はこれら**4つの障害を乗り越えることは「充実した人生」を過ごすことにつながる**という人生の哲学に至ったのである[19]。

7　まとめ——よりよい社会へ

現在、マネジメントに関して様々な本や論文が出されている。そこから学べることは少なくない。しかし、そこで議論されていることは、原因と結果の論理的なつながりが必ずしも明らかでなく、また、その前提や結果を引き起こすための理由が明らかになっていないことで誤解されたり、前提が違っている[20]ことに気づかず実践することで思ったように成果が出ないというこ

18. ゴールドラット博士は「和」を重んじる日本の文化に大きな敬意を持っていた。そして、どうやったら本当の和が生まれるか考察した上で、和を熱望する気持ちが逆に本当の和がもたらされない理由であることに気づく。「調和を熱望することは、人との衝突を避ける気持ちにつながる。カーペットの下に隠しただけでは、対立はなくならない。対立が解消されるときに真の和が生まれる」と語っていた。

19. ゴールドラット博士は、この考察を『ザ・チョイス』（ダイヤモンド社）の中で深く議論している。図14は、博士の愛娘でもあるエフラットが博士との議論中に描いたメモで、英語版には付録として掲載されている。

20. 現在広く知られているマネジメントに関する手法や理論がモノ不足で作れば売れるという時代に考案されていることを考えると、前提の変わった現代では思ったような成果が出なくても不思議ではない。今の時代の前提に合った手法や理論に進化させていかなければならないのは当然のことであろう。

か。やはり、自分という人のせいにしているだけなのではないだろうか。では、何のせいにすればいいだろうか。人のもつ「思い込み」のせいにするのはどうだろうか。実は、これは科学の実験で普通にやっていることである。予測と違う結果が出たときに、我々が普通に考えるのは、どこかに思い込みがあったのではないかということである。人のせいにしても問題は解決しない。だから「人はもともと善良である」という前提で考えることで、思い込みを見つけることも可能になり、問題解決は前に進むようになる。

「対立は仕方がないと考える」といいことがありそうだろうか？　科学者ならば未解決の対立する概念はブレークスルーを生み出す機会と考えるのではないだろうか。科学者にとって「ウィン・ウィンは常に可能」だと考えなければ、ブレークスルーなど起きないのだ。対立が消えることで、必然的に生まれるのは調和である。対立は調和を生み出す機会とも言えることになる[18]。

「わかっている」と思うといいことがありそうだろうか？　そこで学びが止まってしまうことになる。本当はわかっていると思える状態ができたとするならば、それは以前よりも強固な土台を手に入れたということである。より

図14｜明晰に考えることを妨げる4つの障害

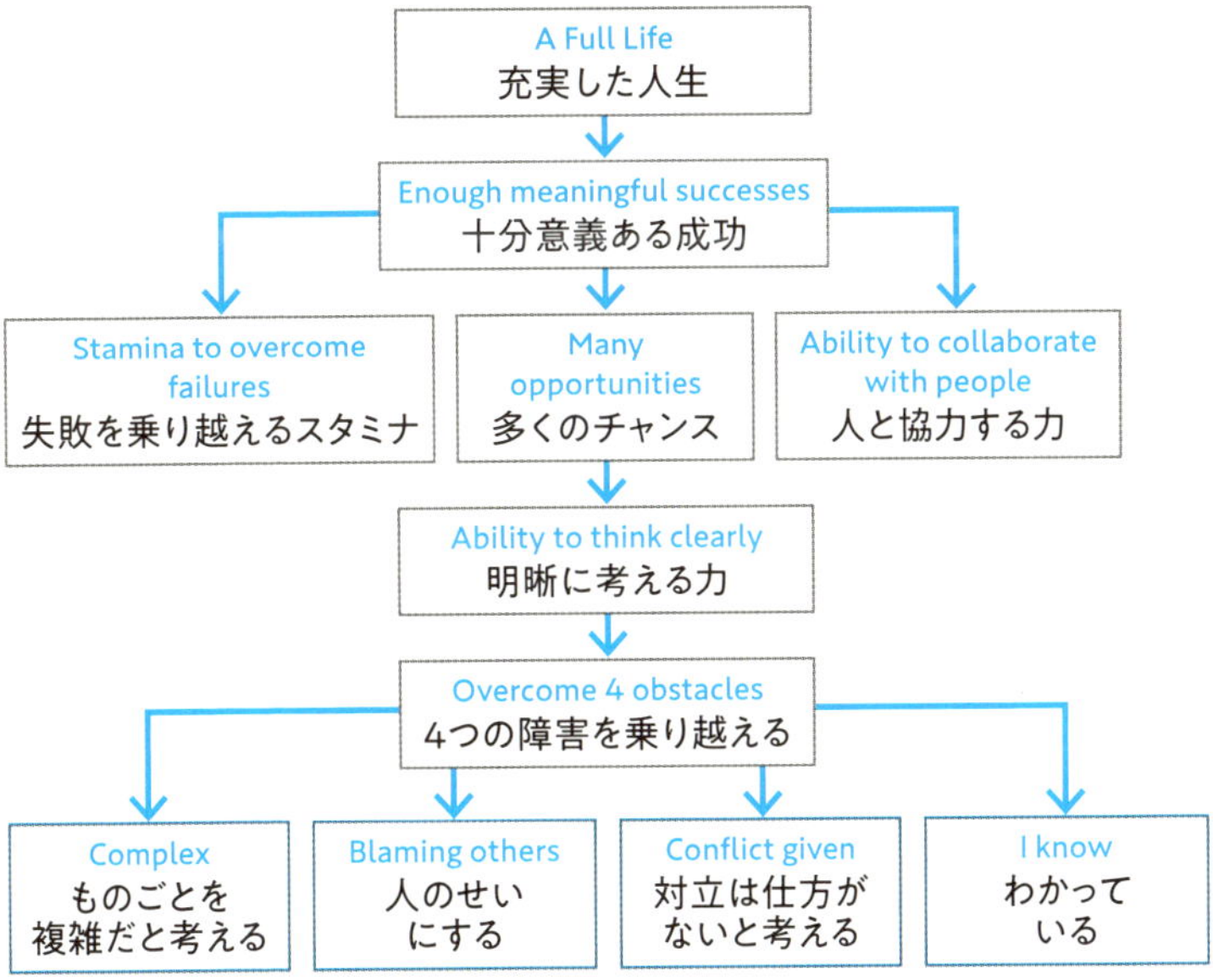

6 科学者のように考えるとは

ゴールドラット家では代々「人生の目標は何？」と言って子育てをするのが家訓となっている。この質問に答えることはそう簡単ではないのはおわかりになるだろう。実際、子どものころからこの質問に苦しみ、悩みぬいた上に、博士が20歳のときに打ち立てた人生の目標は「世の中に考えることを教える」ということだった。

本来、人は考える力を持っている。しかし、学校教育などで教えられるのは、「覚える」ことに偏りがちで、「考える」ことを教育することは少ないのが現状ではないだろうか。そこで、ゴールドラット博士は「思考プロセス」というツールを編み出し、考える力をつける教育をすることを可能にしたのである。

人は本来ちゃんと考える力を持っているにもかかわらず、必ずしもうまく活用できないのはなぜだろうか。ゴールドラット博士は、人が論理的に明晰に考えることを妨げる以下の4つの障害があると説く。

・ものごとを複雑だと考える
・人のせいにする
・対立は仕方がないと考える
・わかっている

「ものごとを複雑だと考える」といいことがありそうだろうか？　科学者ならば様々な事象の中に何らかのシンプルな法則があると自然に考えている。それがなければ科学技術の発展などあり得ないのだ。「ものごとは、そもそもシンプルである」と考えるのは科学者として自然な心構えと言えよう。

「人のせいにする」といいことはありそうだろうか？　人のせいにすることで問題が解決するとは思えない。「人のせいにする」というのは問題解決から遠ざかることになり、合理的な問題解決方法とは到底思えない。では、自分のせいにすればいいだろうか。自分のせいにすれば問題は解決するだろう

16. 「ミステリー分析」の方法は拙著『考える力をつける3つの道具』（ダイヤモンド社）で2014年に発表したが、それ以来、様々な事例が世の中に公開されている。事例は「教育のためのTOC日本支部」のウェブサイトに公開されている。

17. TOCの国際大会で発表された“How to Make Ordinary People Achieve Extra-ordinary Performance”の中で小学生の子ども自らが学級崩壊の問題解決をしている事例が発表されている。

ある。

教科書に載っている答えを出しても世の中の役には立たない。他社と同じものを創っても売れないのはメーカーなら誰でも知っている常識。今まで誰も解けなかった問題を解き、教科書に載るくらいのことを目指さなければならない。日本人は論理的に考えることがあまり上手ではないが、それはそういう訓練をされてきていなかっただけなのかもしれない。でも、日本人は学ぶのが上手。学習能力が高いことは世界に誇れる能力。

だから、論理的に考える力を鍛えれば、教科書に載るくらいのイノベーションを日本人は起こせるはずである。

「ミステリー分析」はとてもシンプルでやさしいので、科学者だけでなく、一般の人でも、さらには、子どもでも活用できる[16]。子どもは大人に比べて、頭が柔らかい。子どもたちが原因と結果の関係を論理的につなげながら新しい発見をする風景を見るのは刺激的でさえある[17]。

「ミステリー分析」を行うことは、すなわち「仮説の論理構造」を使って科学者のように考えるということである。子どものころから科学者のように論理的に自然にグループで考察できる子どもたちを見ると、これからの未来は明るいと思えてくるのは私だけではないだろう。しかもミステリー分析を使うことで、**思ったようにいかないことがブレークスルーのきっかけともなる**ことになる。

「人は誰でも天才と言われるようになる」とゴールドラット博士は主張した。原因と結果をつなげる訓練をすればするほど、頭は鍛えられ、論理的に考える力は強くなっていく。すると、一見つながりのないようなものごとにも因果関係を明らかにすることもできるようになり、普通では考えられないような結果をあらかじめ予測したり、実証したりすることも可能になってくる。そのようなことをできる人を人は「天才」と言うのではないだろうか。

ゴールドラット博士の言葉をここで引用したい。

「ボディビルダーだって、最初から隆々と盛り上がった筋肉がついていたわけではない。長年、鍛えることによって筋肉がついたのだ。同じように、頭だって鍛えることができる」

的な生産性を飛躍的に高める方法として考えることもできることになる。

この意義について、このプロセスを経験したｉＰＳ細胞の発明でノーベル賞を獲得した山中伸弥教授のコメントを紹介したい。


科学実験はまさに失敗から学ぶプロセス。でも失敗すると、ついへこんでしまって、できるだけ失敗しないように、チャレンジしないように、人はなってしまいがちになる。失敗や思ったようにいかないことは本来は宝の山のはず。

失敗のないところに成功はない。

私たち科学者にとって、論理的な考え方は普段から、研究の中ではなんとなくやっている。それは、論理的に考えると、答えは必ず出るはずだと確信しているから。でも、なぜか研究以外になるとそれが使えないと思い込んでいた。科学研究にもチームワークは欠かせない。こうした人間がからむ場面でも、論理的に考えることで、答えは必ず出るはずだというTOCの考え方は、まさに目から鱗。

人のかかわる研究開発のマネジメントでも科学者のように考えていいんだとわかった。研究以外でも論理的に考えるのが重要なのは言うまでもないが、科学の分野ではさらに重要。

今までなんとなく正しいと思っていたことに、思い込みが潜むことも

写真1　京都大学iPS研究所の山中伸弥教授

15.　これまで見てきたように、リソースは無限にあるわけではないので、非制約に使われたカイゼン努力が無駄になる分、全体の制約のカイゼンは遅れることになる。つまり非制約のカイゼン努力が結果的に組織全体のカイゼンの妨げにさえなってしまいかねないということには留意が必要だろう。

この論理構造を表すと図12のようになる。一般に考えられている「現場のカイゼンを一つひとつ積み上げることが、企業全体の業績向上に貢献する」というのは本当だろうか。この理由に思い込みが潜んでいたことは明らかだろう。いろいろな人や組織が関わっている仕事の流れには、つながりとばらつきがあって、どこかに必ず制約があるのだ。すると組織の中で行われている非制約のカイゼン努力が思ったような成果に結びつかなくても不思議ではない[15]。つまり、図13のように「システム全体のパフォーマンスは制約で決まる」ので、制約に集中してみんなで助け合えば、すべてのカイゼン努力は全体に成果がもたらされることにつながることが明らかになるのだ。

図13 | 理由の中に潜む思い込みを見つける

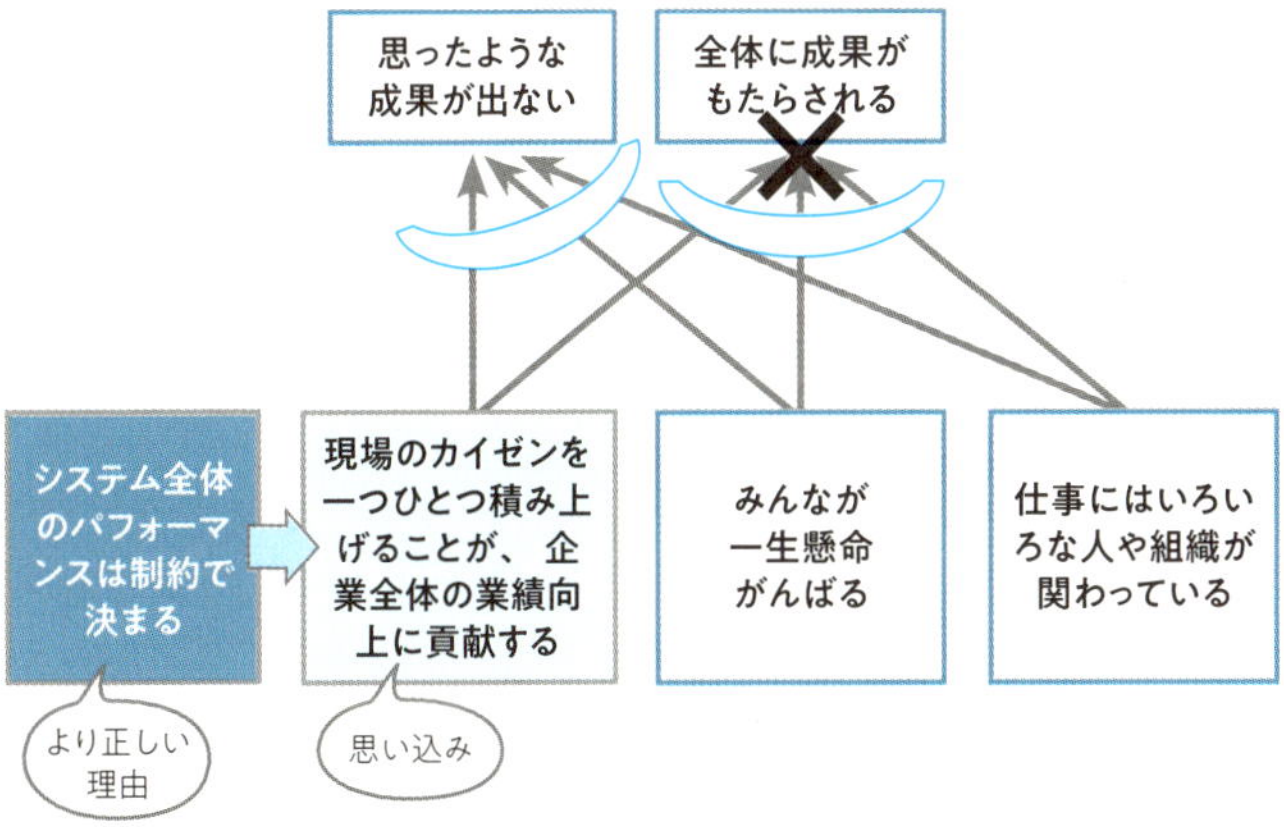

この方法の良いところは、グループで論理的に議論を可能にするところである。論理構造が明確なので、グループで想定と違う結果が引き起こされた原因を考え、ブレークスルーのアイデアを議論することを効率的に実践していくことが可能となるのである。**様々なステークホルダーを巻き込み、イノベーションを加速するコラボレーティブなイノベーションのプロセスが可能となる**のだ。

この意義はきわめて大きい。現在のイノベーションは様々な専門分野のエキスパートの協力が不可欠だからである。専門分野のエキスパートが、それぞれの領域の知恵を出し合い、一緒に考察をしていくことでイノベーションの生産性が高まることは、言うまでもないことだろう。議論の質を上げ、知

図11｜ミステリー分析の論理構造

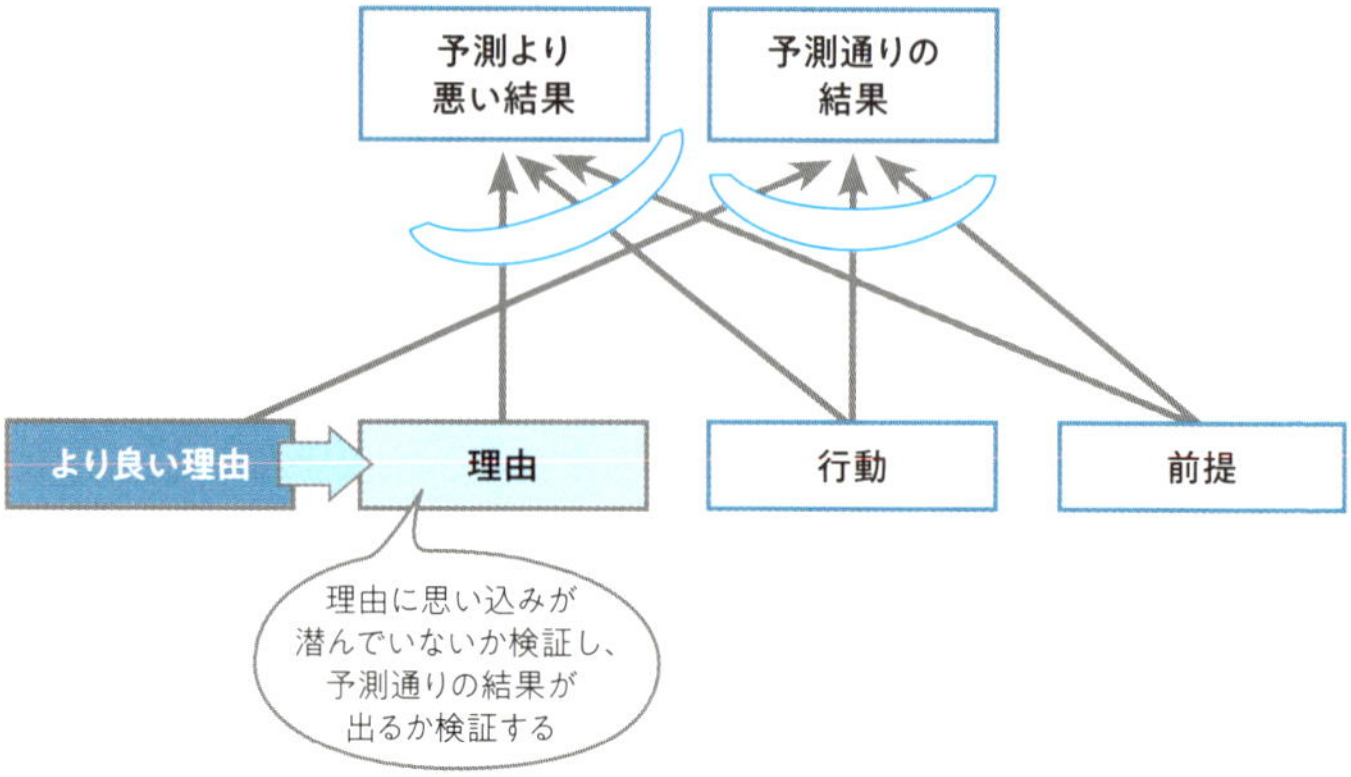

ここで、みんなが一生懸命がんばっているのに思ったような成果が出ないということについて、ミステリー分析をしてみる。

仕事には、いろいろな人や組織が関わっている。そんな中で、みんなが一生懸命働けば、全体に成果がもたらされると考えるのは不思議なことではない。それなのに思ったような成果が出ないのであれば、そこには何か理由があるはずである。

図12｜一生懸命がんばっているのに成果が出ない

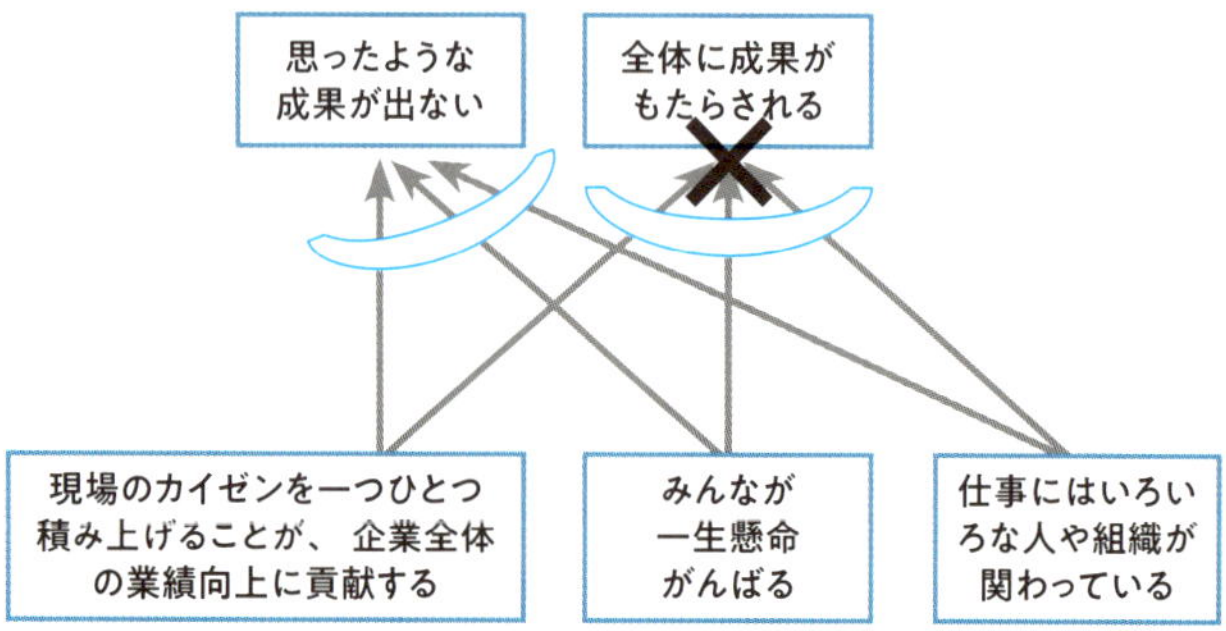

5 仮説の論理構造の活用—失敗から学ぶミステリー分析

科学者は、仮説を立て、実験を行い、考察をして、仮説の修正を繰り返しながら、新しい知識を生み出していく。実験の結果が最初から想定通りということはほとんどない。成功に失敗はつきものとよく言われるように、思ったようにいかない結果から学び続けることが科学者として必要な心構えになる。

思ったようにいかないとは、どういうことかここで考えてみたい。行動の結果として引き起こされる事象は、図10のように3種類の結果しかない。

図10 | 行動の結果として起きる3種類の結果

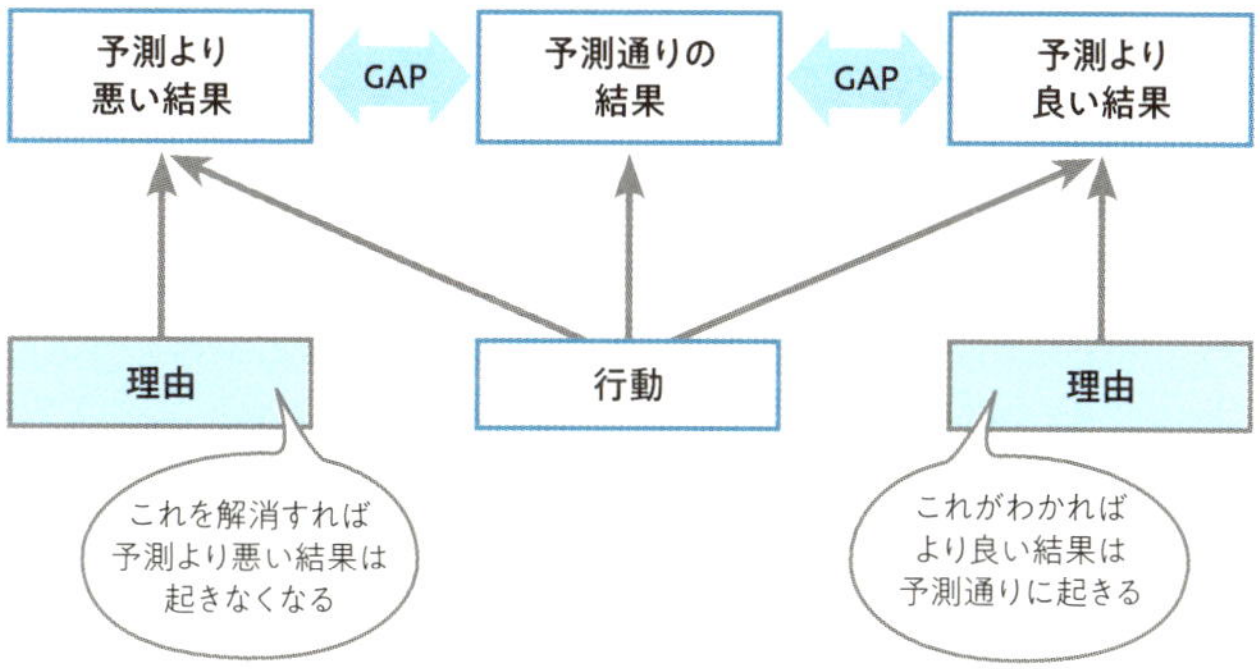

1つ目は、「予測通りの結果」である。予測通りにうまくいったのだから問題はなく、仮説が合っていたと考えることができる。2つ目は「予測より悪い結果」である。思ったようにいかないことを一般に失敗というが、そこには理由があるはずである。それを解消すれば、「予測より悪い結果」は起きなくなるので、ブレークスルーのきっかけとなる。3つ目は「予測より良い結果」である。「予測より良い結果」も、当初の思い通りに「予測通りの結果」が出ていないので、これも問題として捉えるべきである。そこには「予測より良い結果」を引き起こした理由があるはず。それがわかれば、「より良い結果」が思った通りに引き起こせることになり、ブレークスルーのきっかけとなる。

図11は予測より悪い結果が起きたときに分析をする論理構造である。思ったようにいかないミステリーを分析するので**ミステリー分析**と名付けた。

る」という行動をとれば、結果として「全体に成果をもたらす」ことになる。その理由は、「システム全体のパフォーマンスは制約で決まる」から、とより自然な言葉で表現することができる。

ここであなたの日常の仕事を考えてみてほしい。もしも、あなたの仕事につながりとばらつきがあるならば、すべてをカイゼンする必要はなく、制約に集中することで必然的に全体に成果をもたらすことが科学的に予測できることに気づくだろう。

図9 | 必然的に起きる結果を科学的に予測できる

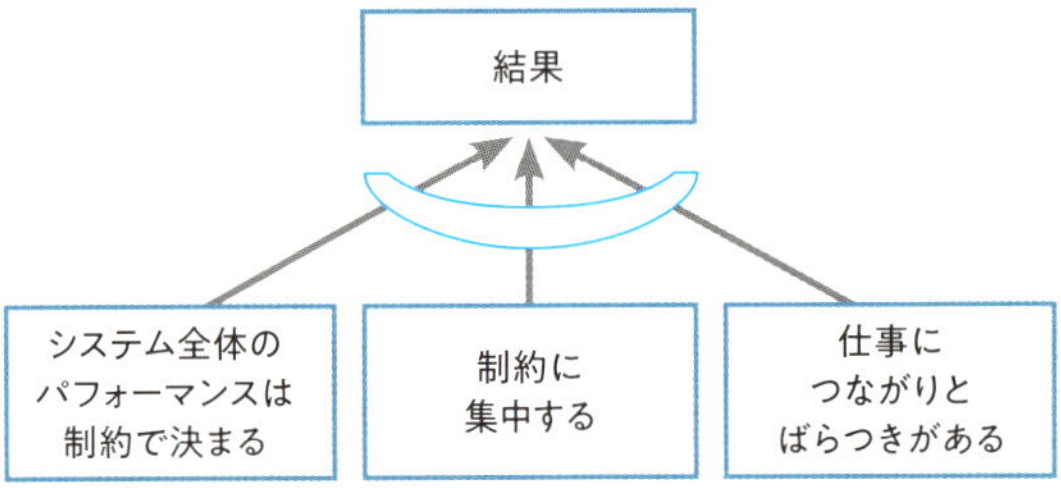

仮説を広辞苑で調べると「自然科学その他で、一定の現象を統一的に説明しうるように設けた仮定。ここから理論的に導きだした結果が観察・計算・実験などで検証されると、仮説の域を脱して一定の限界内で妥当する法則や理論となる」とある。

仮説はあくまでも仮説である。「科学的理論は完全に正しい理論として確立されることはなく、常に「暫定的仮説」の身分にとどまる。しかし、現在受け入れられている科学的仮説は、数々の反証をかいくぐって現在まで生き延びてきたという点で優れた価値をもつ」[14]というのがポパーの主張である。

その意味で考えると、ゴールドラット博士が編み出したTOCはあらゆる分野で検証されて現在まで生き延びており、「つながりとばらつきがあるシステム」という一定の限界内で妥当な理論と言える。

「仮説の論理構造」は、社会科学で仮説検証に使えるのはもちろんだが、自然科学においても活用できるのは明らかである。つまり、**自然科学と社会科学がまったく同様に科学的に仮説を立て検証できる**ことになる。

14. 『科学哲学への招待』野家啓一著、ちくま学芸文庫より引用。

図7 ｜ ボックスの中身

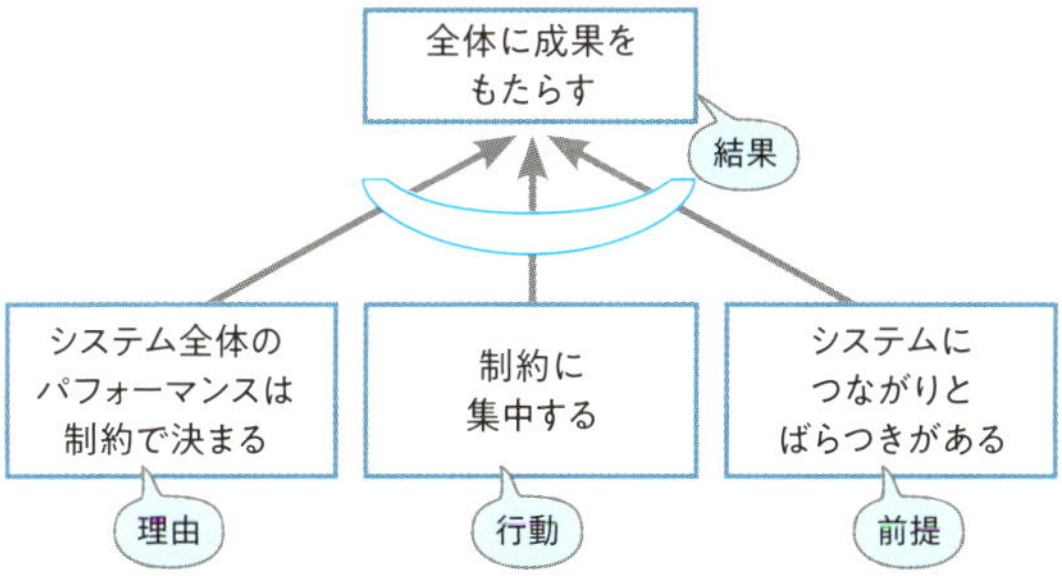

ここで明らかになるのは、このボックスの原因と結果の構造はまさに科学的な思考になっていることである。図7のボックスの中身を一般化して記述すると以下のようになる。

図8 ｜ 仮説の論理構造

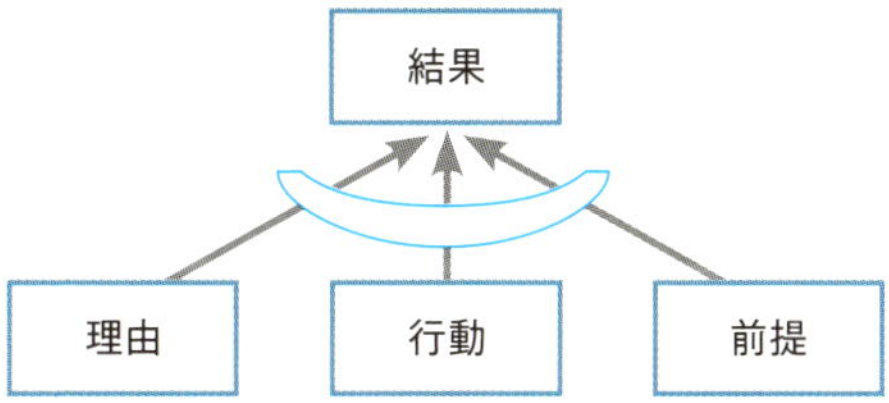

前提と行動、そして結果が引き起こされる理由の3つのセットで必然的に結果が起きるという論理構造になっている。これを筆者は**「仮説の論理構造」**と名付けた。

ここで紹介した「仮説の論理構造」では、「前提」と「行動」そして「理由」の3つがセットになり、必然的にもたらされる「結果」が論理的に予測できることになる。

「もし」「ならば」「かつ」という論理的な記述はともすれば窮屈な議論となるが、それぞれの前提、行動、理由、結果を意識して、議論するならば、「システムにつながりとばらつきがある」という前提があって、「制約に集中すもって予測することが論理的に可能で、しかも結果もついてくることであろう。実はこの考え方は自然科学の理論では当たり前のことである。まだ起きていない結果を論理的に予測でき、その通りに結果が出ないと自然科学では理論とは言い難いのだ。

ゴールドラット博士は、自然科学のコンセプトを社会科学に持ち込み、自然科学と同じレベルの論理的再現性をもつTOCという科学的理論を打ち立てた。ここでの疑問は、TOCだけが社会科学の領域で特別なのかということである。**社会科学の領域における他の様々な理論や手法が、自然科学と同じレベルで「科学的」と呼ばれる地位を獲得するためには何が必要なのだろうか。**

「どのようなときに理論は科学的と呼ばれる地位を獲得できるのか」という問いに取りくんだカール・ポパーは、科学と非科学の境界を反証可能性に求めた。「反駁の危険性を伴った予測（Risky Prediction）、ないしはテストができるかどうかが境界である」との彼の主張は、広辞苑にも色濃く反映されているのが見てとれる。

ここで注意したいのは、未だ「科学的」という地位を獲得していない理論や手法だからと言って有用でないわけでは決してない。社会科学において広く知られ、支持されている理論や手法には、世の中に役に立つ多くの学びがあるのは間違いないのだ。ただ、まだ自然科学と同じレベルの論理的な再現性を獲得していないだけなのだ。世の中にある様々な社会科学の理論や手法が再現性を持つ理論として詳らかにされ、「科学的」と言われる地位を獲得することは、大いに意義があることと筆者は考える。

ゴールドラット博士が編み出したTOCが「科学的」であるのは偶然ではなく、理由があるはずである。それを明らかにすることで、「科学的」という地位を獲得する条件をここから考えていきたい。

まず、先ほどの図6のそれぞれのボックスの中身に何が入っているのかを考えてみたい。

「システムにつながりとばらつきがある」は前提、「制約に集中する」は結果を引き起こすための行動、「システム全体のパフォーマンスは制約で決まる」は理由、そして、「全体に成果をもたらす」は結果である。

13. 『トヨタ生産方式』の著者、大野耐一氏がゴールドラット博士に会ったときのエピソードを語ったビデオがある。そこで、大野氏はゴールドラット博士に、「理論的にできるのか。できるというので、そうしたら（中略）すごいことになるぞ」とゴールドラット博士を動機づけたエピソードが語られている。このビデオは日本インダストリアル・エンジニアリング協会のウェブサイトで見ることができる。http://www.j-ie.com/infomation/post-5198/

ト理論TOCだが、「そんなの常識だろう」と片づけられてしまうことも少なくない。そんな世の中の指摘に対して、「常識はそれほどありふれたものではない」とゴールドラット博士は語っていた。

いったん発見されてしまえば、誰にでもわかる常識だが、「常識」を見つけることは、本当はきわめて困難である。そのことを博士はノーベル賞に喩えた。

「たった数ページの論文で構わない。だが世界中の物理学者がその論文を読んで『しまった！　なんで今まで気づかなかったんだろう！』と叫ぶ。それができればノーベル賞。常識を発見することは、それほど簡単なことではない。ものごとの論理的なつながりを明らかにして、誰にもわかるように説明されるようになった時に、人が口にする最も高いレベルの称賛の言葉が『常識』だと私は考えている」

様々な分野で目覚ましい成果を出し続けるTOC。TOCはTheory of Constraintsの略である。なぜゴールドラット博士は、自身の編み出した知見に「手法」や「方式」ではなく、「理論」という言葉を使ったのだろうか。

「理論」を広辞苑で調べると、第五版と第六版では表記が変わっていることに気づく。

広辞苑第五版では、「個々の事実や認識を統一的に説明することのできる普遍性をもつ体系的知識」とあり、第六版では、「科学において個々の事実や認識を統一的に説明し、予測することのできる普遍性をもつ体系的知識」とある。

第五版の説明では、起きた事実や認識を後付けで説明しても理論となるが、第六版では、「科学において…予測することができる」と定義されている。つまり**後付けの説明だけでは科学において理論とは言えない。予測できる知識体系でないと理論とは言えない**ということになる。

つまり「科学において個々の事実や認識を統一的に説明し、予測することのできる普遍性をもつ体系的知識」である「理論」として、ゴールドラット博士はTOCを編み出したのだ[13]。

4　仮説の論理構造の定義

社会科学において、世の中には様々な理論や手法が知られている。その中でTOCが他と大きな違いがあるとするならば、まだ起きていない結果を前

図6 ｜ 欠けている説明を追加

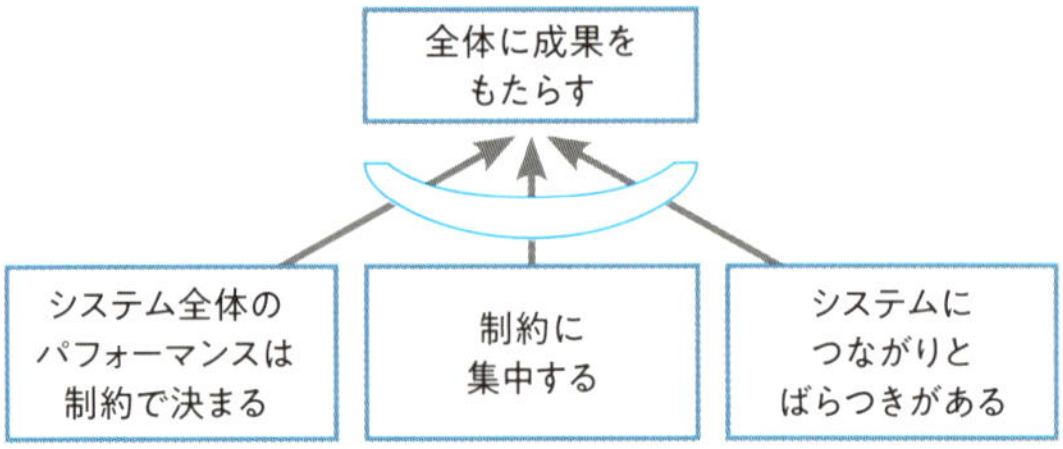

お気づきのように「**システム全体のパフォーマンスは制約で決まる**」は強力な記述である。これは制約に集中しなければならない理由が明らかになるからである。この気づきにより、システムのあらゆるところに手を付ける必要がないことがわかり、制約に集中するという行動が組織にもたらされることになる。

組織のあらゆるところでカイゼン活動に取り組んでいるのは、すべての改善は成果をもたらすと考えているからではないだろうか。だが、実際にはそうではないのだ。

「制約に集中しろ！」と言っても、人は実際にはなかなか行動に移さないものである。それは組織に長年染みついた既成概念を変えるのは簡単ではないからである。「システム全体のパフォーマンスは制約で決まる」という**理由こそが人を望ましい行動に導く**のだ。

こういった気づきに出会ったとき、人は「目から鱗」と言う。それは、考えてみれば当たり前の「常識」だが、今まで気づいていなかったモノゴトの真相がわかったからではないだろうか。

「つながり」と「ばらつき」のあるシステムでは、どこかに制約がある。その制約に集中することが全体に成果をもたらすという全体最適のマネジメン

11. ゴールドラット博士はCategory of Legitimate Reservation: CLRという7カテゴリでの論理のつながりを検証する方法を開発している。それは明瞭性（Clarity）、事象の存在（Entity Existence）、因果関係（Causality Existence）、原因不十分（Cause Insufficiency）、別の原因（Additional Cause）、因果が逆さま（Cause-Effect Reversal）、予想される結果の存在（Predicted Effect Existence）である。これらは拙著『全体最適の問題解決入門』（ダイヤモンド社）の83～87ページに書かれているので参考にしてほしい。

12. 欠けている内容を考えるときは必要条件のロジックを使い、その欠けている内容が合っているかどうかを確認するためには十分条件のロジックを使うことで、必要十分条件のロジックが確認できる。

この方法を使ってゴールドラット博士が編み出したTOCについて論理的に記述すると、前ページ図4のようになる。

原因と結果の関係はIf…, thenの構造となっていて、「もし……ならば」と読み上げる。また、バナナは「かつ」と読み上げる。

もし「システムにつながりとばらつきがある」かつ「制約に集中する」ならば「全体に成果をもたらす」

この記述ではどうもしっくりこない、直感的に何かが足りないことにお気づきになるだろう。それは、読み上げることで、人は原因と結果の論理のつながりを検証できることの証とも言える[11]。

図5 欠けている説明を考える

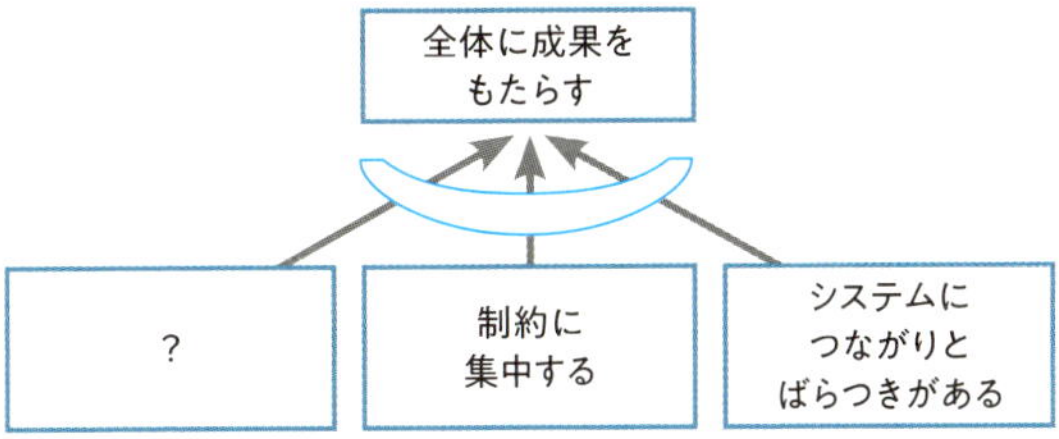

「直感」という言葉を広辞苑で調べると、「説明や証明を経ないで、物事の真相を心でただちに感じ知ること」とある。つまり、心では感じるけれど、なぜそうなのか、論理的な理由はまだちゃんと説明できない状況と言える。

一つひとつの事象は今まで議論してきたことだが、今一つ説明がしっくりこないのは、図5の「?」のボックスにあるように「全体に成果をもたらす」ための理由の説明が欠けていることを我々は直感的に感じているからである[12]。

ここで欠けている「?」の中身を考えてみる。これまで見てきたように「つながりとばらつきがあるところではどこかに必ず制約がある」。そういう中では「システム全体のパフォーマンスは制約で決まる」ということが明らかになってくる。

図で記述することで、誰でもわかりやすく、しかもチームで論理的に議論することを可能にしたのである。この方法を彼は「思考プロセス」[09]と名付けた。思考プロセスは、原因と結果のつながりを考えるために次の図のように3つの道具を使う。道具はたった3つ。これ以上ないと言っていいほどシンプルなので、誰でも使うことができ、論理的に考えることが可能となる。

図3｜論理的に考えるための3つの道具

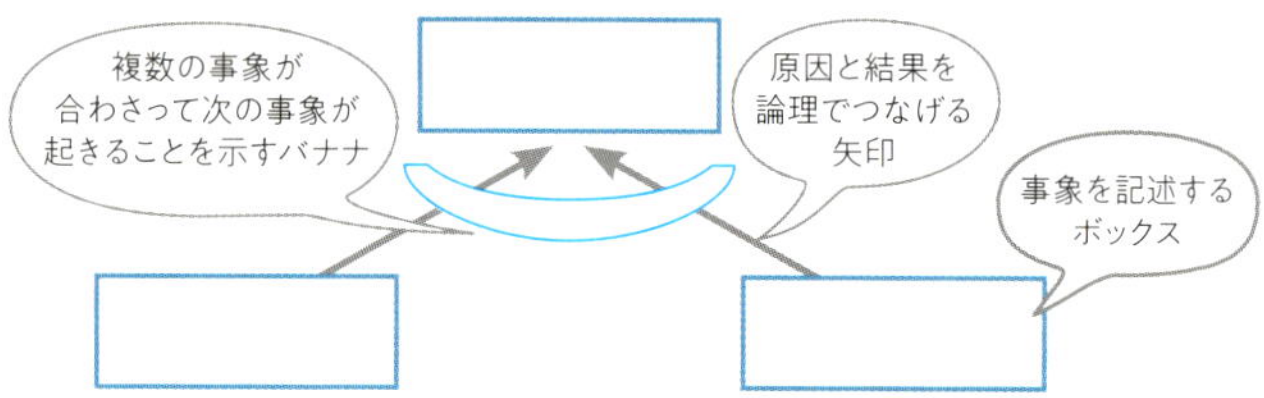

3つの道具は以下から構成されている。

・事象を記述するボックス

・原因と結果を論理でつなげる矢印

・複数の事象が合わさって次の事象が起きることを示すバナナ[10]

図4｜TOCを論理的に記述

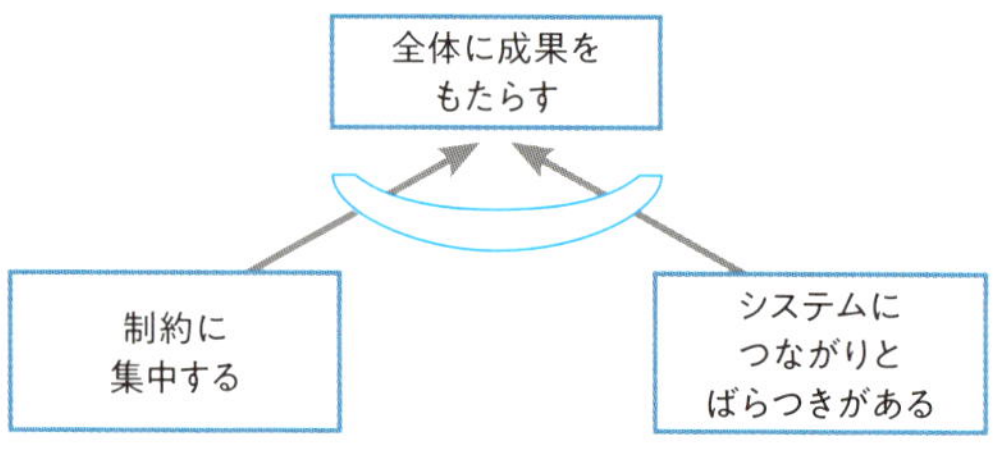

08.｜2011年4月にバルチモアで行われた講演からの引用。

09.｜「思考プロセス」は、博士の著作"It's Not LUCK"（邦題『ザ・ゴール2　思考プロセス』）で1994年に発表されている。

10.｜「バナナ」の名前の由来は「思考プロセス」を開発したときに論理的に複数のことが合わさって起きる因果関係を示す「かつ」の記号に「バナナ」のような形をゴールドラット博士がたまたま描いたことに由来する。

「TOCは一言でいうなら集中である。集中とはやるべきことをやること、それと同時にやるべきでないことをやらないことである」

TOCは、単なる生産改善手法ではなく、「つながり」と「ばらつき」のある組織のあらゆるところで活用できる。しかも、制約だけに集中すればいいので、シンプルでわかりやすい。世界中のあらゆる組織で目覚ましい成果が出ているのもうなずけるであろう。

3 自然科学からのアプローチ

ゴールドラット博士は、生前最後の講演の中でTOCの生い立ちについて次のように語っている[08]。

「私は物理学で使われているコンセプトとアプローチを原子、電子、分子、酵素などの物質界ではなく、人が関わる組織に適用することを決意した。当時、周囲には気がおかしくなったのではないかと言われたもので、人は予測できないというのが彼らの主張だった。私はそれに答えた。『本当かい？　もし妻の新しいドレスの感想を正直に言えばどういうことになるかわかるけど……』人間の行動が予測できないというなら社会も家族関係も成り立たない。もちろん100％予測できるわけではない。でも、天気予報だって同じだ。原因と結果の思考はパワフルで、人間の言動や人間関係の分析に適用できるのだ」

原因と結果の関係を表すために、ゴールドラット博士は数式ではなく、図を使って記述するアプローチをとった。

図2 | 原因と結果の関係

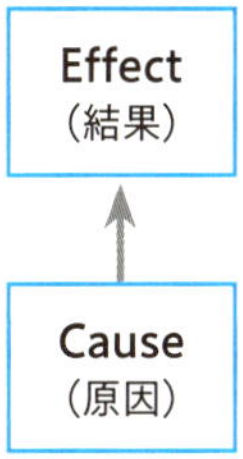

ての組織は一枚岩ではなく、複数要素の集合体であると認識するのは、当たり前のようだが重要な点である。だからこそ、TOCでは「つながり」と「ばらつき」を前提として、ボトルネックに集中して取り組むことで全体最適を目指す。TOCが適用範囲を広げていくにつれ、ボトルネックという言葉は次第に誤解されるようになり、より広く誤解のない「Constraints（制約）」という言葉で表現[06]し、制約に集中することが全体最適のマネジメントをもたらすということを詳らかにしたのが、ゴールドラット博士の提唱したTheory of Constraints（制約理論）である。

ここで制約以外の非制約の改善努力はどうなるかについて考えてみたい。非制約の改善は全体として成果をもたらさないのは明らかである。しかし、それ以上に意味がある。組織においてリソースが無限に使えるようなことはあり得ない現実を考えると、その有限なリソース（特に希少リソース）を非制約の改善に使うことはムダどころか、そのリソースを使った分だけ、制約を改善するリソースを取られたことになる。ここで明らかなのは「**非制約の改善にリソースを使うのはムダどころか、組織全体の改善にダメージを与えている**」[07]ということである。

もし「みんなが一生懸命やっているのに思ったような成果が出ない」という現実に直面しているならば、その改善努力の大半は的外れで、非制約に費やされている可能性が大きいことになる。「つながり」と「ばらつき」を意識せず、社員それぞれがばらばらに改善していくと、結果として部分最適に陥ることになり、努力の多くはムダになってしまうのだ。

「TOCを一言でいうなら何か？」という質問に対してゴールドラット博士は以下のように述べている。

03. 当たり前のことだが、仕事をするのは人である。次々と降ってくる仕事に忙殺されて仕事の質が上がるとは思えない。組織の制約リソースである仕事の質の低下は、組織全体のパフォーマンスに悪影響を及ぼすのは言うまでもない。

04. ここに集中すれば全体がよくなるとわかれば、人は自然に助け合うようになる。全体の成果が出ず、いがみ合う状態になっていた縦割りの組織でも、あつれきはウソのように消え、全体最適の和が広がる。私はそんな企業を数限りなく見てきた。

05. 制約に集中して全体最適で成果をもたらすために、ゴールドラット博士は「5 Focusing Steps」というプロセスを編み出している。「5 Focusing Steps」は以下の通り。①制約を特定する、②システムの制約を徹底活用する方法を決める、③この意思決定にその他すべてを従属させる、④システムの制約を高める、⑤警告！惰性がシステムの制約にならないようにすること。制約が解き放たれたら①に戻る。

06. ボトルネックという言葉を制約に置き換えた経緯は、「TOCとは何か」という論文でゴールドラット博士が述べている。この論文は『何が、会社の目的を妨げるのか』（ダイヤモンド社）の中に掲載されている。

07. ゴールドラット博士の絶筆「Science of Management（マネジメントの科学）」2011の序文の中で、希少リソースを無駄に活用することがいかに愚かなことかが書かれている。

の10以上アウトプットが出ることは不可能なのは明らかである。

ここでボトルネックについて、少し考えてみたい。ボトルネックとわかっているのであれば、すぐに手を打てばいい。そうすれば、ボトルネックはボトルネックでなくなり、システム全体の生産性も上がるはずである。しかし、それを実践するのは現実には困難なことが多い。なぜなら、みんなが一生懸命働いているのにボトルネックになっているのは、ボトルネックだとわかっていても簡単に増やせないリソース、例えば優秀な人や高価な設備のことが多いのが現実だからである。

優秀な人をすぐに増やせるだろうか？　高価な設備をすぐに増やせるだろうか？　ここで**ボトルネックとわかっていても簡単に増やせないリソースこそがボトルネックになりがち**であることに気づく。

簡単に増やせないリソースとは、言い換えると希少リソースである。その希少リソース（例えば優秀な人）の仕事の中身を調べてみると、本当にその優秀な人しかできない仕事をしているかどうかというと、必ずしもそうでないことが多い。しかも、優秀な人であるがゆえに、周囲に頼りにされ、次々と仕事が舞い込み、様々な業務に忙殺されてしまうことも少なくない[03]。

次の問いを考えてみてほしい。

「一日のうちで、自分しかできない仕事を集中してやっている時間はどのくらいあるだろうか？」

こう考えると、システム全体の制約となっている希少リソースが本来もっている能力を発揮していることは現実には驚くほど少ない（またはほとんどない）とも考えられる。

ボトルネックが見つかれば、改善のアプローチはまったく変わる。ボトルネックの改善に集中すればいい。ボトルネックだけに取り組むほうが、結果は早く出るはずだし、全部に手を付けるよりは改善は楽になる。つまり、楽して早く結果が出る[04]。

ここで明らかなのは「**つながりとばらつきのあるところには、どこかに必ず制約がある。そこに集中する**[05]**ことが全体に成果をもたらす**」ということである。つまり、システム全体のパフォーマンスは制約で決まるということなのだ。

TOCでは、組織全体を「システム」と見なす。広辞苑によるとシステムは「複数の要素が有機的に関係しあい、全体としてまとまった機能を発揮している要素の集合体。組織。系統。仕組み」とある。つまり、システムとしなぜこうした不可解な現象が起きるのか。それを解消するにはどうすればいいのか。ゴールドラット博士が確立したマネジメント理論「TOC」は、この命題を解くことから生まれた。TOCの基本を理解していくために、全社を挙げてのカイゼンが企業全体の業績向上に結びつかないという現象がなぜ起きるのか。以下の質問を考えてほしい。

1. あなたの仕事は他の人や組織と、つながって行われていますか？
2. そのつながりの中で、それぞれの人や組織の能力は同じですか？　ばらついていますか？

この2つの質問について答えようとすれば、組織の中のほとんどの活動に「つながり」と「ばらつき」があることがわかるだろう。

組織の中における仕事の流れを見てみると、例えば、営業→設計→生産設計→生産の仕事のつながりの中で、まったく同じ能力を持っているという前提で考えることに無理があるのがわかるだろう[02]。

図1は、「つながり」と「ばらつき」のある組織をモデルにしたもの。

図1 ｜「つながり」と「ばらつき」のあるシステム

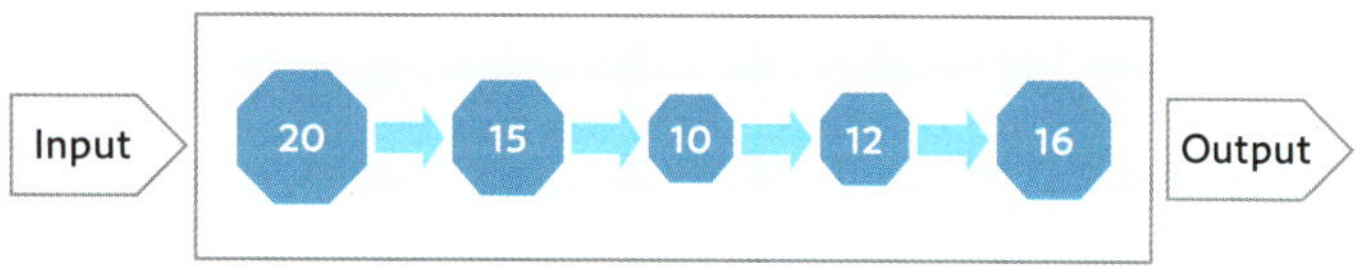

仕事は左から右へつながって流れているが、個々の組織が一日に処理できる能力には、それぞれ20、15、10、12、16とばらつきがある。このシステムの中で一日のアウトプットはいくつになるであろうか？　ボトルネック

01. 「巨人の肩の上に立って」は『何が、会社の目的を妨げるのか』（ダイヤモンド社）に掲載されているゴールドラット博士の論文。博士がマイヒーローと尊敬して止まなかった『トヨタ生産方式』の著者、大野耐一氏の偉業を科学者として分析している。「巨人の肩の上に立って」はニュートンの言葉の引用で、科学の進化のあり方を示した言葉でもある。

02. 仕事全体の流れの中で、生産がボトルネックであることは現実には驚くほど少ない。作れば売れた時代なら、生産がボトルネックだし、生産カイゼンすれば成果は得られた。しかし、限られた受注機会がボトルネックであるならば、非ボトルネックである生産をカイゼンしても全体に成果をもたらすことは困難なのは明らかである。

『ザ・ゴール』の著者、ゴールドラット博士が開発した全体最適のマネジメント理論TOC（Theory of Constraints）について詳細を知りたい人のために、筆者がゴールドラット博士の命日に書いた論文「全体最適のマネジメント理論TOC：科学的理論を定義する『仮説の論理構造』とよりよい社会への可能性」について、「IEレビュー」に掲載された論文を許可を得て、ここに掲載する。

1　はじめに

1984年に発表され、30年以上経った今も色あせないベストセラー『ザ・ゴール』。この本の中で発表された全体最適のマネジメント理論がTOC: Theory of Constraintsである。TOCは発表以来、生産、サプライチェーン、ロジスティックス、会計、営業、プロジェクト、研究開発、ＩＴ、流通、保守、行政、教育、ヘルスケアなど、あらゆる分野に適用され、目覚ましい成果を上げ続けている。

物理学者であるゴールドラット博士は、自然科学で幅広く活用されている「原因と結果」というコンセプトを人が絡む組織の問題に適用し、社会科学においても自然科学における「理論」と同じレベルの再現性のある科学とすることに一生を捧げた。

TOCの特筆すべき点は、何と言ってもシンプルさと再現性のある劇的な成果である。

この論考では、ゴールドラット博士の生涯の挑戦を振り返りながら、再現性のある科学理論としてのTOCを検証するとともに、ゴールドラット博士という「巨人の肩の上に立って」[01]、理論が科学的と言われるためには何が必要なのかを考察することで「仮説の論理構造」を定義し、それを活用していくことで、我々の社会をよりよくしていく可能性について議論する。

2　全体最適のマネジメント理論TOC

現場のカイゼンを一つひとつ積み上げることが、企業全体の業績向上に貢献する――。

一見すると当たり前のように思われるこの考えは、果たして本当だろうか。全社を挙げて組織のあらゆるところでカイゼン活動に取り組み、大半の現場が目標も達成しているのに、企業全体で見るとまったく業績が改善していないということは少なくない。

参考論文

全体最適のマネジメント理論TOC

科学的理論を定義する「仮説の論理構造」とよりよい社会への可能性

岸良裕司

［著者］

岸良裕司（きしら・ゆうじ）

1959年生まれ。ゴールドラットジャパンCEO。全体最適のマネジメント理論TOC（Theory of Constraints：制約理論）をあらゆる産業界、行政改革で実践。活動成果の一つとして発表された「三方良しの公共事業改革」は、ゴールドラット博士の絶賛を浴び、2007年4月に国策として正式に採用された。成果の数々は国際的に高い評価を得て、活動の舞台を日本のみならず世界中に広げている。2008年4月、ゴールドラット博士に請われてゴールドラットコンサルティング（現ゴールドラット）ディレクターに就任し、日本代表となる。東京大学MMRC（ものづくり経営研究センター）非常勤講師。

主な著書に『全体最適の問題解決入門』『「よかれ」の思い込みが、会社をダメにする』『考える力をつける3つの道具』（以上、ダイヤモンド社）、『最短で達成する全体最適のプロジェクトマネジメント』（中経出版／KADOKAWA）、『問題解決の極意』（PHP研究所）、『子どもの考える力をつける3つの秘密道具』（ナツメ社）、監修書に『ザ・ゴール　コミック版』（ダイヤモンド社）などがある。

優れた発想はなぜゴミ箱に捨てられるのか？

――限界を突破するTOCイノベーションプロセス

2019年4月3日　第1刷発行

著　者――岸良裕司

発行所――ダイヤモンド社

〒150-8409　東京都渋谷区神宮前6-12-17

http://www.diamond.co.jp/

電話／03･5778･7234（編集）　03･5778･7240（販売）

イラスト――きしらまゆこ

装丁・本文デザイン――布施育哉

DTP――――桜井 淳

校正――――鷗来堂

製作進行――ダイヤモンド・グラフィック社

印刷――――勇進印刷（本文）・加藤文明社（カバー）

製本――――川島製本所

編集担当――小川敦行

ISBN 978-4-478-10775-1